U0685028

教师这样做研究：

来自一线的小专题个案剖析

JIAOSHI ZHEYANG ZUO YANJIU:
LAIZI YIXIAN DE XIAO ZHUANTI GE' AN POUXI

刘旭　贺慧　主编

四川教育出版社

在教育科研的道路上行走（代序）

郑金洲

时下，中小学教师如何开展教育科学研究，正逐渐成为人们普遍关注的一个话题。近几年，来自一线的教师研究成果纷纷见诸报端和专业性刊物，如教师们的课例研究、教学案例、教育叙事、经验总结、研究论文等，表达形式多样、内容丰富多彩，体现了他们独特的教育见解，反映了他们深刻的教育智慧。由刘旭、贺慧两位老师主编的《教师这样做研究》，就是在一个区域内（成都市锦江区），从一线教师小专题研究的众多案例中提取的部分典型案例，以讨论交流等形式，对中小学教师在开展教育科研时应该怎样选题，怎样确定研究思路，怎样制订研究方案，用哪些方法开展研究，怎样进行研究反思，如何表达研究成果等一系列的问题进行的翔实、具体而又生动的阐释。

"教师即研究者"在今天看来已不是一个新鲜的词语，作为教师专业发展的同义词，它正被愈来愈多的中小学一线教师所认同。随着中国基础教育课程改革向纵深推进，实现教师的角色转变，使其成长为具有教育教学研究意识与研究能力的"研究型教师"，已开始成为我们这个时代基础教育的标志性特征。今天，已经有越来越多的教师开始行走在教育科研的道路上；开展有理论引领的教育教学实践研究，也正在逐渐成为众多中小学教师的自觉行为。

虽然教师从事教育科研，取得的成效有目共睹，但在教育实践中，仍有一系列问题需要进一步澄清，比如教师应该如何做研究？这一问题，是我最近几年关注的焦点。继《人民教育》2004 年度邀我开设"教师如何做研究"栏目，在该栏目发表了12篇文章后，应广大教师读者的要求，结合我的一些思考，2005年10月，《教师如何做研究》一书又得以出版。无论是在文章中或是在著作里，我都力图阐明这样的观点：

第一，中小学教育科研是与学校自身问题的解决等结合在一起的，始终是指向学校自身的发展与变革的，它虽然不是学校发展与教师成长的充分条件，但肯定是必要条件。这是因为，中小学校在当今的发展中面临着许许多多新情况，出现了各式各样的新问题，遇到了形形色色的新矛盾。这些新情况、新问题和新矛盾，制约着学校的发展，影响着学校教育教学的变革，如果不及时加以处理和解决，就不能使教育适应社会和学生个体发展的需求，难以达到预期的教育目标。由于这些问题或矛盾是伴随着教育的快速发展和社会的转型而出现的，旧有的经验不能奏效，已有的老办法不能破解，所以，教育科研就成为解决这些问题或矛盾的前提和基础。

第二，中小学教师所做的研究，大量的是针对自己在教育教学过程中所发现和出现的问题而开展的。因为在教育教学的实践中，如果没有与教师日常生活紧密结合在一起的问题，就不会有教师研究的强烈愿望与冲动；而没有研究的愿望与冲动，教师就很难产生持续性的研究行动。所以，解决教育教学中的实际问题、棘手问题、有价值的问题、针对性强的问题，是教师开展教育科研活动的根本出发点和归宿。是否着力于教育教学实际中真实问题的解决，是检验学校和教师研究行为的最终依据。

第三，中小学教师在研究中要"小题大做"，如小专题、微型课题的研究，甚至是非课题式的日常教育教学实践的研究。这类研究因其是对现实中主要问题、关键性问题的脚踏实地的研究，所以它所产生的辐射、互动、连带作用，有时远胜于浮在表面的、"宏观"的、面面俱到的研究。同时，这种"小题大做"式的研究，给予中小学教师以独立确定研究问题、自主开展研究的广阔空间和自由度，真正体现了教师是教育科研的能动主体的科研理念。

第四，中小学教师开展教育科研的生命力在于：对教育教学现场的把握和判断，对教育事件与实际问题的意义分析和处理，需要教师把研究的目光和着力点聚焦于教育教学的疑难之中，在具体的教育教学场景中、在阅读与交流中，在学校和学科的发展中去寻找、去捕捉、去发现、去确定研究的问题。要做到这几点，教师应该具有敏锐的观察力、较强的问题意识和独立研究的能力。此外，合作交流的意识与习惯在教师的研究过程中也是必不可少的。

第五，中小学开展教育科研的一个重要目的在于，通过科研转变教师的教育教学理念和行为，汇总教师的教学经验，积聚教师的教育智慧，将教师从繁重的机械性工作状态中解放出来，让教师真正成为教育智慧的创造者。一句话：教育科研改变着教师的行为方式，使教师的教学更有活力，生活更有质量和更加精彩！因此，学校的教育科研活动要密切关注教师的生活状态和职业生存方式，围绕教师的专业发展去开展。其实，透视一所学校教育科研的成效，一条重要的标准就在于，看它在多大程度上改变了教师，在多大程度上提升了教师的专业素养；要看学校是否借助于科研活动，带动了教师队伍的建设，促进了一批教师的脱颖而出。

令人高兴的是，我从《教师这样做研究》这本书中看到来自中小学一线的教师研究成果。书中一个个鲜活生动的研究案例，一次次坦诚真挚的同伴交流，都渗透着老师们研究的汗水与心血，绽放着他们充满睿智的理性思考的火花。书中所有的案例，都来自老师们在教育教学实践中所遭遇的具体的、真实的、有价值的和棘手的问题；在大量的观察、访谈、问卷调查之后，老师们确定了自己在一段时间内的研究小专题，并进行了认真扎实的研究、辩证而深刻的反思，形成了大量有价值的研究成果。我相信，这本书的出版发行，能引起教师朋友们的关注与共鸣，并能激发起更多一线教师参与到教育科研的行列中来。

（作者为华东师范大学教育学系教授、博士生导师，全国教育基本理论专业委员会副主任委员）

2008 年 1 月

目　录

第一章 小专题研究的选题确立

全区新的优秀教育科研成果奖励办法出台了，增设了一个奖项叫做"教师小专题研究成果"，其中提出了两个要求：教师自己确立并独立承担，教师即研究者，是研究的主角；研究主要解决教师教育教学实践中出现的问题。奖励办法在学校、教师中引起了很大反响，学校不断鼓励教师开展研究，老师们也积极寻找研究的专题，可是一段时间以来，一个个疑问困扰着许多老师：研究从哪里开始？怎样选择自己的小专题进行研究？于是，通过成都市锦江区教师进修学校发展研究室教研员的热心推荐，在教师小专题研究方面有着深入探索的张浩老师与老师们开始了以下的交流……

一、在教育教学实践中寻找研究的主题

问题信箱

亲爱的张浩老师：

今天又向您请教了。这些天，学校不断鼓励我们开展自己的教学研究。学校领导反复强调，教育教学研究是促进我们自身专业发展的很好途径，我却陷入苦恼中：虽然我也参加过学校的各类课题研究，但以前都是教科室安排我们进行的，一下子要我自己独立研究，可真是"牛啃南瓜——找不到开始"。亲爱的张浩老师，我该怎么做呢？您能给我指点一下吗？

您的朋友：小　朱

小朱老师：

你好，你面临的困惑，可能是每个刚开始准备投入教学研究的老师都曾体验到的。我们都知道那句话"问题即课题"，可是在选择研究之初，要么感觉到"问题太多无从下手"，要么感觉到"这些小问题没必要兴师动众地搞研究"。

说到这里，让我们来看看加拿大著名教育家范梅南曾说过这样一个事例：有一个离了婚的女学生，带着一个小孩。她在选修范梅南的课的时候遇到一位男生，这个男生刚好也有一个小孩。他俩的感情发展得很好。突然有一天，她发现自己已经变成了一个继母，但这个男人的小孩很不喜欢继母。在小孩的印象中，继母是很丑恶、很坏的形象。就她自己而言，这个继母的角色也是陌生的。她说了一件很有趣味的事情，小孩患感冒要流鼻涕。如果是帮自己的小孩擦鼻涕的话，她擦的是自己的小孩；如果是帮别人的小孩擦鼻涕的话，感觉只是擦那个鼻子。于是她做出一种反思，就是如何做继母，继母和母亲到底是怎样一种关系，到底应该如何处理和孩子的关系，为此她选择了"怎样做继母"这样一个课题。范梅南认为很有意义，因为这一课题和个人的日常生活体验靠得很近。

其实教师的研究选题也可以这么轻松，因为研究就来自于我们个人的日常生活，把研究日常生活经验作为起点，培养自己对教育生活的一种感悟，对经验的一种洞察力。所以，教师研究的选题特别强调面向生活的世界、面向孩子。朱永新老师说过，中小学教师搞教育科研，就是应该从记录教育现象、记录自己的思考、记录自己的感受开始，把一串串"珍珠"串起来，那就是一根非常美丽的项链。

我们可以用这样一句话来概括教师研究选题的第一步——对日常教育生活的觉察，这种觉察往往开始是懵懂的，可能是一次成功教学后的兴奋和激动，可能是一次与学生谈话后的挫败和沮丧，也可能是对一个司空见惯的现象的猛然反省……

小朱，正好下周我们有一个科研沙龙活动，欢迎你参加，到时可能你会有很多直接的体会。

你的朋友：张　浩

交流平台

一周后，小朱老师参加了此次沙龙活动。张浩老师请到了几位教师，有做过小专题研究的，也有一周后像小朱那样存在同样困惑的教师，围绕教师的选题问题开始了讨论。首先，张浩老师给大家发了一份资料，让老师们看了之后发表意见：

课堂上，学生完成"运用已学过的乘法运算定律进行简便运算"的一组习题后，教师请几位学生把计算 $39 \times 125 \times 4 \times 2$ 时的几种不同解法——板书在黑板上：

$$1) \quad 39 \times 125 \times 4 \times 2 \qquad 2) \quad 39 \times 125 \times 4 \times 2 \qquad 3) \quad 39 \times 125 \times 4 \times 2$$
$$= 39 \times 125 \times (4 \times 2) \qquad = (39 \times 2) \times (125 \times 4) \qquad = 39 \times (125 \times 4) \times 2$$
$$= 39 \times (125 \times 8) \qquad\quad = 78 \times 500 \qquad\qquad\quad = 39 \times 500 \times 2$$
$$= 39 \times 1000 \qquad\qquad\quad = 39000 \qquad\qquad\qquad = 19500 \times 2$$
$$= 39000 \qquad\qquad\qquad\qquad\qquad\qquad\qquad\qquad = 39000$$

教师问：这三种解法，你们认为哪一种更好？你能说出理由吗？

学生答：第一位学生的解法更好。因为 $125 \times 4 \times 2 = 1000$，再乘以 39 就等于 39000，这样计算最简便。所以这样做更好。

教师说：另两种算法也对，但是不如第一位学生的解法好。

这是一种常见的练习讲述方法，简单省事，似乎根本就没什么值得讨论的，似乎又有什么东西在简单的处理中被忽视了。

我与一位在黑板上板书算法的学生进行了一次对话——

师：你从所得到的结果与题目中能发现些什么吗？

生（静思了一会儿回答）：得数与题目中都有 39。

师：那么 39000 是怎么得到的呢？

生：$39 \times 1000 = 39000$。

师：你的计算过程中没有 1000 呀！这个 1000 又是从哪里来的呢？

生：噢！老师我知道了。

师：那你能再做一次吗？

学生由此得出最佳解法。

在场的老师猛然体会到：如何使学生自己觉察问题，领悟最佳的解法，这就是日常教学的简单处理中常常被忽视的东西。于是在这次活动中，教师开始认识到，教学中应更多地思考如何让学生自己在比较中发现问题，领悟解决问题的方法，这样不仅使学生正确地解答了问题，而且使学生获得了解决问题时所需要的态度和方法。

张浩老师：看完了，大家有什么感受？

姚老师：我最大的感受就是研究的问题就在我们身边，但有时候我们会觉得：大家一直都是这样的，很正常啊。这样一来，一些问题拖一拖也就不了了之了，一些问题因为其普遍性似乎又不是个问题。我主要承担小学高段的语文教学和班主任工作，每两年都要接到一个新的班级，几乎每次接班都会将刚开学的相当长一段时间用于训练学生学习常规，不断地打电话请家长，有时还得不到家长的配合。其他教高段的老师都有这样的感受，我们大多数时候会相互交流，接着继续沿袭着"训练学生＋请家长"这一惯常做法。去年我又面临着同样的问题，似乎比原来还更突出了——

上学期我接任五年级三班的班主任和语文老师。在新接这个班后，我发现学生的身上存在一些问题，影响了学生个体和群体的成长。例如：学生的自主学习的意识和能力不强；部分学生的自理能力差，依赖性较强，惧怕困难；学生相处时缺少包容心，常因一些鸡毛蒜皮的小事闹矛盾；爱的情感和爱的能力都不够强。作为一名从教多年的老师，我认为有必要引导孩子们逐步克服这些缺点。但没想到的是，我对学生的种种要求却被一些家长认为要求过高、过严，小题大做，甚至认为我的教育观念有问题；而学生呢？也觉得难以和老师亲近起来，总觉得老师提出的要求难以达到。这个新接班级里学生与教师相互的不相适应，教师与家长之间教育观念的分歧，给我带来了巨大的困惑和挑战。面对这样的现状，我意识到，亲其师才能信其道，开展教育工作的前提，就是要想让学生及家长接纳我，认同我，其中最难的还是如何尽快与家长度过"磨合期"的问题。于是我就把这个问题作为我的研究课题，进行"新接班级中教师与家长磨合的研究"。①

张浩老师：姚老师面临的就是个人教育经历中经常面临的困境，对于这种困境的重新认识成为了她研究的出发点。

（画外音：教师在教学中会遇到许多习以为常的现象。这些现象有不少似乎是天经地义的做法。在这些做法中，确实有一些是有效的，但也有一些做法是值得思考的，教师研究的出发点就意味着从这种习以为常中发现问题，引起反思，自觉醒悟。）

这时，毛老师也谈到了她研究问题的起因——

有一段时间，我在担任两个平行班数学教学工作的同时，还承担了其中一个班的班主任工作。理所当然，与自己是班主任的这个班之间的互动，要比另一个班多得多。

渐渐地，两个原本在各方面都相差无几的班级，在数学学习这方面，有了差距。开始意识到的时候，我想当然地认为，造成如此差异的原因在于我班主任的身份，使自己班里的学生对我更亲近些，所以会在数学上多投入时间，效果才会有所不同。于是，我对相对落后的班级要求更加严格，而且在我自己的教学工作中也尽量优先照顾他们。可是一学期完结时，两个班的测评反馈还是有很大的差距。特别是在计算能力上的差距更是让我诧异。以口算为例：一个班失分集中在 5 名学生身上，共失 9 分；而另一个班却只有 13 人全对，共失 47 分。绝大部分学生并非是知识性错误，而是因为没有良好的学习习惯所造成的过失性丢分。

之后的学期我不再担任班主任工作。对两个班的时间分配和精力投入可谓相差无几。但是学生们彼此间的学习习惯，已经有了比较明显的不同，特别是在改错态度上。一个班总能在要求时间内改好。学生们来找我重新批改时，表情积极轻松，还能主动大方地说出不懂的地方。另一个班的大部分孩子却显得谨慎畏缩，敢主动说出自己还不懂的孩子更是少之又少。几个月的时间就有如此差异，这就不得不让我重新审视、思索造成这

① 成都师范附小姚嗣芳：《新接班级中教师与家长磨合的研究》。

种现象的原因。

我有意与学习习惯有进步的孩子聊天，问到为什么现在不怕改错了呢？答案千奇百怪出人意料：有的说是因为某次班会活动中听了别人介绍的方法，试了试后，果然有效；有的说是因为老师的家访，才发现自己的爸爸其实也很辛苦，决定要好好学习；还有的是因为学习小组中好朋友的监督鼓励帮助而不怕改错的；当然也有的是因为老师每天查改错很严格，不敢不改，然后改错成了每天的习惯……原来在我做班主任的时间里，不知不觉利用了很多途径与方法，不断培养、训练、巩固着他们"有错就改"这一基本品性。很多活动，我在预设时并没有考虑针对改错习惯展开，可是学生也会因为其中触及自己的那一点而有所变化。

相对当时的另一个班，我对作业改错的要求虽然无异，但太常规，生硬，不够灵活。学生虽然慑于老师的威严，也会按要求完成，可事实是，他们从中收获到的快乐远小于付出，最后学习的效果也就可想而知了。

多样灵活的处理方法，会带给孩子这样大的不同影响！解开了我心里谜团的同时，也激发了我们对改错的灵活处理这一专题的研究兴趣。无意为之，尚且如此，若有的放矢专心研究，效果肯定会更好。最后我们研究的课题就确定为"学生作业改错方式的灵活处理"。[①]

张浩：学生出现的群体现象其实往往蕴涵着我们老师的教学问题，毛老师为我们提供了一个很好的选题范例，面对学生出现的问题，做一名"有意"解决学生问题的老师，这是我们开展小专题研究最重要的一点。

熊老师：听了刚才几位老师的发言，我也很有感触。前段时间我们学校的语文教研组也在进行研究的选题，老师们反复进行了交流，寻找共同的问题，大家的关注点集中在了这样一个问题上——

刚开始进行新课程教学时，我们按照教材的要求让孩子们去看课外书，看电视，上网查资料。大家预想得很好，认为教了孩子们方法，他们就可以顺利完成搜集信息的任务，轻松地理解课文内容。没想到实施了一段时间后，发现这种教学方式并不完全适合我们学校的学情。能收集资料

---

① 成都市锦官驿小学毛敏：《学生作业改错的处理策略研究》。

的学生不到 10%，其中，能有效利用收集到的资料帮助语文学习的就更少了。无论是教材还是我们，都忽略了身边这些孩子的家庭情况和学校本身的硬件条件。

我们的生源九成以上为外来务工人员子女。其家庭的文化教育程度、经济生活水平都远远低于城市里的孩子。在物质和精神生活已经如此发达的今天，我们的孩子中还有五分之一以上的父母完全不识字，许多家庭至今没有电视机。每个班五十几名学生，家庭能够为孩子提供课外读物的不足一半，有电脑的、出去旅游过的更是寥寥无几。在这样的条件下，要让他们达到新课程中对于"体验""搜集"的要求，无疑是太难了。孩子们知识面窄，想象力有限，几乎没有什么已有知识经验可供提升。如果他们再完不成搜集任务，理解课文内容，识字、阅读、写作的难度就都会相应加大。尤其是对于描写风光的散文、科技说明文、文言文的学习他们更是相当吃力，学习起来不仅不愉快，而且只能勉强跟上进度。这与我们的初衷相差得实在很远。原本许多信息资料可以由教师和学校来为孩子们提供，可是我校位于城乡结合部，场地狭小，校舍破旧，电教设备、图书的库存和使用几乎为零，老师们上课也只有一本教科书。而且，通过近几年对边远地区学校的走访，我们发现，存在类似情况的并不只是我们一所学校，还有更多的农村、山区的孩子情况比我们这里更糟糕。于是，我们开始思考在现行的课程要求下，利用现有的资源，能够再为孩子们做点什么。

日本学者保坂荣之介经过多年不懈的努力，用大量翔实的例子证明了人脑中语言信息量与形象信息量之比为 1∶1000，就是说人脑对诸如图片等形象信息的记忆能力是语言文字记忆的 1000 倍。尤其在婴幼儿和青少年阶段，由线条和色彩来表现的直观形象对激发学生学习兴趣，充分发掘大脑思维潜能，促进和强化记忆更是有着纯语言教学完全无法比拟的优势。因此，不同国家、不同体制下的任何一种教育方式，都把"图画"作为启蒙教育的重要内容。除了在教材中加入大量色彩鲜艳、内容丰富的插图外，还辅以琳琅满目的儿童图画书来帮助孩子们认识世界，了解生活。我们的孩子没有多余的课外书可看，可是教材是保证了人人都有的。新教材增加了大量的精美插图，把它们用好了，用活了，总能给孩子们带来些帮助吧。于是，经过大家的商讨，我们把研究目标确定在教材本身自带的插图上，确立了"小学语文教学中插图利用策略研究"的课题，希望能够更深地挖掘出教材本身的信息资源，找到更多、更好的利用课本插图来辅助学生学习生字、理解课文、说话写话的方法；更希望通过我们的研究，能够为我们的学生，以及条件更艰苦的学校的学生带来一些帮助。①

张浩：熊老师所谈到的研究让我很感动，一是老师们对学生真正的关怀，二是以研究为途径谋求解决新课程实施过程中理想与现实的差距问题。

老师们的讨论越来越热烈，大家都觉得问题其实来自日常工作实践中，平时工作中每个环节，都会有值得我们研究的问题，比如上课、备课、学生作业、班级管理等等，都可以成为我们的研究对象，对于研究的问题大家最后有了这样一个共识：

（1）理论与经验事实之间存在差距。如教师在教学过程中开展了探究性学习，可学生对知识的掌握有时还不如"讲授－练习"有效，这种矛盾就涉及探究性学习的时机、探究性学习的指导等问题。

（2）周期性出现的困难。这就意味着问题的出现有一定的规律性，背后有着共性的东西，也可能寻找到有针对性的方法和措施，姚老师关于"新接班级中教师与家长磨合的研究"就是一个典型的例子。

（3）比较中发现的差异。这种差异可能是在同课异构的教研活动中，教师教学方法以及教学效果的不同，也可能是同样的方法在不同学生身上产生的不同结果。对差异的分析中，可以很容易地发现值得我们研究的问题。

张浩老师用这样一段话结束了这次沙龙活动：问题就在我们日常的教学生活中，只不过需要老师有敏锐的观察能力和深刻的思考能力。但老师日常教育生活中的每一个经历不一定都可以成为研究的课题，必须经过反复的追问和思考，发现其中所包含的某种现象，在不断思考现象背后的问题，逐步使问题越来越突出。也就是说，教师的课题研究一般是从教学行为现象入手，经过概念、提炼、转化，成为"问题"，并对其进行提炼，从而产生有研究价值的问题。通过这个过程使课题的意义更为明确。当我们面向日常生活询问的时候，一般会经历这样一个过程，这是一个不断周全的过程，不断明晰的过程，不断逼近真实的过程。所以，教师研究选题中关键的第二步在于——对问题的不断追问。追问又包含了几个内容，我

---

① 成都市得胜小学语文教研组：《小学语文教学中插图利用策略研究》。

们下一次科研沙龙活动的主题就是"问题的追问",着重讨论一下该怎样去追问。

个案点评

老师们的讨论说明,并不是所有的问题都值得花一段时间去研究,只有那些对老师的教育教学工作有帮助的、现实的、棘手的、有价值的问题,研究本身能够促进工作状况的改变,能够提高教育教学效益,能够帮助学生更快成长,这样的问题才能成为教师研究的小专题。这样的问题需要从教育教学的实际场景中去发现,从教育活动的细节中去捕捉,从观察与思考中去体悟,从自身工作的需求去选择。上面几个案例给我们的启示正在于此。

二、在对问题的追问中确定研究的专题

两周后沙龙活动如期举行,小朱老师准时出现在现场。

活动一开始,张浩老师就直奔主题:对问题的第一个追问——"这是个真问题吗?"弄清问题的真假是我们研究之本,关于真问题和假问题有很多帮助我们辨识的标准,一个简单的办法,就是在我们确立问题之初,不妨问自己两个问题:①不解决这个问题对我的日常教学有很大影响吗?也就是"我想做吗"。②这个问题我能解决吗?也就是"我能做吗"。对二者都能作出肯定回答的,一般而言就是我们的真问题。我们不妨让选题的标准具体化,做一个可操作的选题,比如选题的标准是什么,选题的经验是什么,关于结果的经验有哪些。一般来说,第一次是写一页纸,互相讨论,第二次是在这一页纸里面挑一个比较集中的方面再写,然后还有第三次、第四次。现在我们可以根据以上标准对金老师的研究选题的真假进行判断:

科学课是一门以实践为主的学科,诸如观察、实验、测量、研讨等活动,常常需要学生之间合作完成探究。因此,小组合作学习成为科学课的主要组织形式。在科学课中实施合作学习一段时间以来,我发现,个别组员不愿意当记录员,因为怕写字;不愿意当组长,因为怕对学习任务负责;人云亦云,不愿辛苦自己去思考问题。这些学生会尽可能地偷懒,却

与那些辛苦工作的组员一同共享着小组学习成果。我把这种在合作学习中出现的好逸恶劳、坐享其成、缺乏合作学习责任感，小组成员无论"干好干坏一个样"的现象称作"大锅饭"现象。所以将课题定为"科学课中学生合作学习'大锅饭'现象及纠正对策研究"。[①]

小朱老师发表了自己的看法："金老师的选题经得起第一个追问。首先提高科学课堂效率是每个科学课老师都想做的事，小组合作学习又是科学课堂教学中经常采用的方式，提高小组合作学习效率也就是提高科学课堂效率，也就是说课题是金老师真正想做的。其二，金老师发现了影响小组合作学习效果的主要原因是'大锅饭'现象，打破'大锅饭'可以寻找到许多有效的办法，这是一个经验丰富的科学老师能做的事，所以我觉得对于金老师而言这是一个真问题。"

朱老师的发言得到了现场许多老师的赞同。袁老师及时拿出了自己的研究专题请大家帮忙诊断一下：

打开北师大版小学数学教材，映入眼帘的是一幅幅五颜六色的图画，里面有一个个活泼可爱的小朋友，一个个憨态可掬的小动物，这就是主题图。主题图在于体现《数学课程标准》"从学生已有的经验出发，重视学生的经验和体验"的基本理念。它以鲜艳的色彩、生动的情境引起了小学生的注意与喜爱，使他们喜欢看数学书，喜欢上数学课。

然而由于"主题图"总是以"场景"的形式来呈现学习素材，虽然富有儿童情趣和丰富的现实意义，但其丰富的内涵和对它的处理有时会使教师难以理解和把握，致使教学效果低。真正引发我们对"主题图"处理方式的深入思考，是这样的一节课：

师：为了拉近我们和分数的距离，我们先来做个小小的数学游戏。

师：我准备了 ABC 三盒铅笔，下面请三个孩子分别拿出盒子里的铅笔数，谁愿意？（上台的学生不说话）

师：请下面的同学仔细观察，看你能发现什么？提出什么问题？

（学生动手拿，下面的学生观察、思考。老师引导学生说出发现，再

---

① 成都师范附小金娟：《科学课中学生合作学习"大锅饭"现象及纠正对策研究》。

引导学生提出问题。)

生1：我发现，A盒的是4支，所以A盒原来有8支笔；B盒的是3支，所以B盒原来有6支笔；C盒的是4支，所以C盒原来有8支笔。

生2：我发现，A盒与C盒的支数是一样多的，所以它们表示的数量也一样多。

上课的老师愣了一下，我们听课者也愣了一下。没想到学生很快就发现了造成这种结果的原因，原本的预设和对活动的分析此时已显得无太大的价值了。

课后，我们数学组全体教师和专家进行了讨论，首先是我们低估了学生的水平，其次是我们对主题图的意义理解不够深入。乍一看，主题图展示的是三个同学拿出各自所有铅笔的，其中有两个小朋友拿出的铅笔数同样多。再看，这时第四个小朋友问："拿出的铅笔数为什么有的一样多，有的不一样多呢？"这个问题虽对学生来说是很简单的，但从数学的角度仔细推敲，不难发现，主题图所展示的环节就是分数再认识的探索过程，即"发现问题→提出问题→归纳总结→解决问题"的思维过程。教材在呈现主题图时，并没有先让孩子说说发现了什么，而是让他们先提出问题。

所以在这样的情况下，我们五年级数学备课组的老师不得不再次深思主题图的意图和使用方式的处理。由此我们确立了"教材主题图处理方式的研究"的小专题。所要解决的主要问题包括：1. 主题图的功能研究。运用主题图会产生什么效果？不用是不是也有这样的教学效果？2. 主题图的运用研究。同样的一幅主题图，运用的方法、技巧不一样，会产生什么不同的后果？①

袁老师的选题得到老师们的一致好评，"教材主题图处理方式的研究"切入点小，而且对提高数学课堂教学的有效性很有价值和意义，无论从哪个方面衡量都是一个"货真价实"的问题。

张浩老师：看来大家对问题第一个追问把握得不错了，那么谁来说一下，对研究问题的第二个追问应该是什么？

小张老师马上站出来说道："我在前段时间做研究中，有深刻体会——

① 成都师范附小袁平等：《教材主题图处理方式的研究》。

有时候问题现象很多，似乎会有很多研究的具体问题，但其实这些具体问题的背后包含着共同的更本质的问题，所以我觉得第二个追问应该是"问题背后相关的因素是什么"。

张浩老师：小张老师，你能不能用你的研究经历来给大家做一个具体的诠释？

小张老师开始介绍，她的研究来自于对三个问题现象的追问和剖析：

现象一：读不懂数学书的家长们

今年，我新任一年级数学教师。刚才说了，打开北师大版小学数学第一册教材，映入眼帘的是一幅幅五颜六色的图画，里面有一个个活泼可爱的小朋友，一个个憨态可掬的小动物，这就是现在的数学书。看来教材这样编写的目的在于体现《数学课程标准》"从学生已有的经验出发，重视学生的经验和体验"的基本理念。它以鲜艳的色彩、生动的情境引起了小学生的注意与喜爱，使他们喜欢看数学书，喜欢上数学课。然而由于图画数学总是以"场景"的形式来呈现学习素材，虽然富有儿童情趣和丰富的现实意义，但由于儿童的思维特点，他们容易对图画、情节本身表现出关注，而教材丰富的数学内涵却被他们忽略了。教材的这一特点有时让家长也读不懂。我经常接到这样的电话：我们孩子在幼儿园就学会了20以内的加减法，但开学这么久，孩子回家都没有做数学题，我们翻开书，看着数学每节课的课题都是诸如《快乐的家园》《小猫钓鱼》《跳绳》……不好辅导，"老师，我们的孩子学得懂吗？"

现象二：不愿读题的"速算师"

有的学生面对文字题、图画应用题时就"傻眼"了，难以应付或草率应付。如当学生直接计算 $43 \times (73+27)$，他们能准确无误地完成；然而，把这些数字放在文字题中时，他们就不知道是应该求积还是求和。事实上，很多学生对数学中的基本语言及解题要求都不能准确理解，这往往与学生不仔细读题有关。例如："请问，小明最少要看多少页才能超过小华？"有许多学生只看问句中的关系词"最少……才能超过"就开始下笔。很显然，数学文本理解的不足已经制约了孩子们数学潜能的发挥。

现象三：数学作业本上的"大花脸"

只要把同一个学生的语文作业本和数学作业本翻开对比一下，作为数学老师的我们就会沮丧地发现，数学作业本上书写错误比语文学科还高，书写不够整齐不说，还到处都有涂改的痕迹，满篇都是橡皮擦、修正液、纠正纸、透明胶甚至是墨团的痕迹。仔细观察学生做数学作业时的状况，我还发现，很多学生转着眼珠、绞尽脑汁的样子，却不肯拿出草稿本演算一下，更谈不上检查和验算这一步骤了，这样的作业往往会出现思路或者计算不正确的现象，使作业的错误率增高。

这三个引起我关注的现象，让我思考了很久，现象之间有关联吗？现象中有共同的问题吗？于是我开始了一点一点地分析：

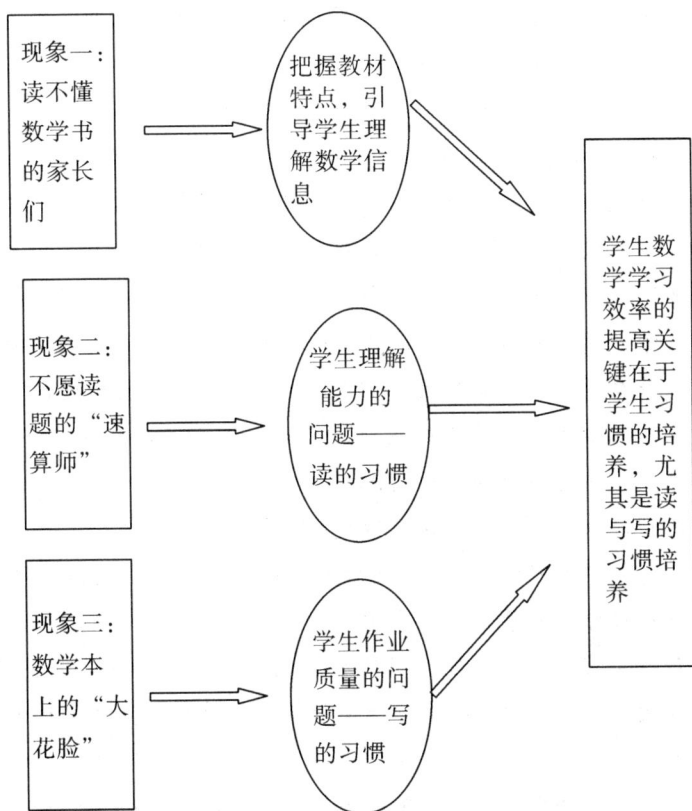

为了让自己所教的孩子在进入小学一开始接触数学就养成良好的学习习惯，我最后作出的选择是，从读写入手解决习惯养成问题。①

_____

① 成都市盐道街小学张兰蓉等：《低段学生数学读写习惯培养的研究》。

张浩老师：我非常同意小张老师把"问题背后相关的因素是什么？"作为第二个追问。哪位老师有类似的体会？

这时，小朱老师站了起来，向大家介绍了近段时间她的研究选题，就是经历了这样的深入剖析、不断追问的过程，最后找到了聚焦的问题：

在确定了要进行小专题的研究之后，"研究什么"成了我首先要思考的问题。是研究自己感兴趣的专题，还是研究自己教学中比较薄弱的那一部分，或者是教改中比较热门的专题？

我想，应该立足于自身的教学情况，找到自己比较薄弱、同时也是非常想加强的方面来研究。

我分析了一下自己的教学，用八个字来概括"严谨有余，活泼不足"。这样的课堂，知识的脉络是清晰的，但是缺少趣味性，也缺少一定的激情。为了改变这一现状，我分析对比了很多精彩课例，觉得自己在游戏设计这一环节上比较薄弱，这也是我很想加强的方面。

有时候，我仅仅是为了活跃一下课堂气氛来组织学生游戏，游戏的设计只达到了最浅层次的活跃气氛的要求；在游戏中，我比较关注的是怎么让学生参与并动起来，但是学生的脑子怎么动，动到什么程度，我常常会忽略掉；在实施游戏的过程中，我有时会感觉不能得心应手、环环相扣，于是我反思：是不是在游戏环节的设计上出了问题？

于是我把课题的方向锁定在"游戏设计"上。

除了自身教学的原因，高段英语教学中也存在着一些普遍性的问题：

问题一：课堂时间紧——呼唤游戏设计具有实效性

高段英语课信息量大，知识难度大，相应阅读理解的时间分配多了，游戏的时间极其有限。所以游戏设计应该具有实效性，为达到教学目标起到积极作用。

问题二：为兴趣设计——呼唤游戏设计重视游戏的语言功能

有时候游戏场面很热闹，但是游戏之后，学生语言发展了吗？表达能力提高了吗？答案常常是否定的，这样的游戏是低效的。所以需要设计出能够发展语言功能的游戏。

问题三：语言目标盲——呼唤游戏设计的语言目标要得当

有的游戏设计考虑到了语言发展目标，但是目标设立得不恰当。其一，难易程度把握不好：语言目标太难，学生开不了口；语言目标太易，对学生语言能力的提高作用不大。其二，不能紧密结合该课的教学目标：游戏是教学各环节的有机组成部分之一，它的语言目标应该是与教学目标相一致的，不能"单独玩"。

问题四：游戏"花样"少——呼唤设计出符合高段学生心理特征的多种游戏

英语教学中适合中、低段学生的以听、说、玩、演、唱等为外显形式的游戏比较多，而适合高段学生心理特点和知识结构的、以知识本身为吸引力的游戏比较少。另一方面，游戏本身应融入教学的各个环节，比如热身、练习、复习等等，但是目前比较少。所以，设计出多种多样的适合高段课堂的具有实效性的游戏迫在眉睫。

在分析了自身的教学特点和现行英语课堂游戏特点之后，我把"游戏设计"这一方向再次明确到"游戏设计实效性"上，我要解决的问题是：

游戏的语言目标如何设置？怎样实现在游戏中提高语言运用能力？

怎样与教学相结合并帮助达到教学目标？

怎样改良已有游戏的游戏设计，并对原有设计进行分类？

怎样设计新游戏？设计哪些新游戏？[1]

张浩老师：刚才两位老师的介绍，给了我们很大的启发，对于如何发现问题现象后的相关因素，这里有一个比较好操作的方法：首先列出你经历的所有问题，然后分析问题可能的相关因素是什么，最后概括出问题的共性，提炼出研究的问题。在这一过程中要善于对问题进行分解，把一个大的问题按照内在逻辑体系分解成相互联系的许多问题，从而找到解决这个问题的步骤和相关的网络。也就是说，将所要研究的问题展开成一定层次结构的问题网络，从而在问题具体化基础上选题。大家可以参考一下如下的选题网络图：[2]

———————————

[1] 成都市盐道街小学朱义蓉：《高段英语课游戏设计实效性》。

[2] 同[1]。

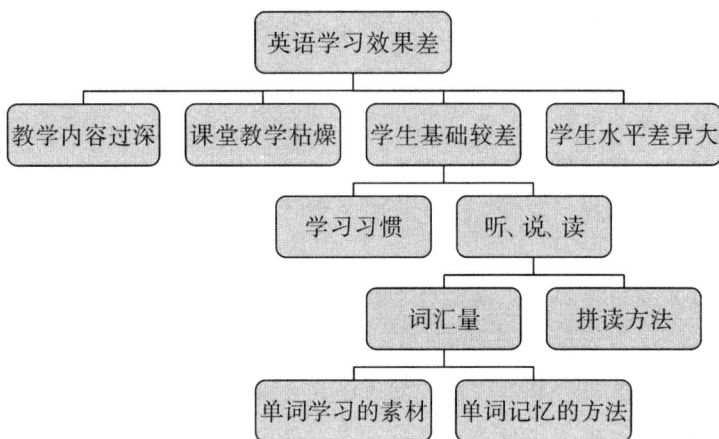

```
                        ┌──────────────┐
                        │  英语学习效果差  │
                        └──────────────┘
        ┌───────────┬──────────┼──────────────┐
   ┌─────────┐ ┌─────────┐ ┌─────────┐ ┌──────────┐
   │ 教学内容过深 │ │ 课堂教学枯燥 │ │ 学生基础较差 │ │ 学生水平差异大 │
   └─────────┘ └─────────┘ └─────────┘ └──────────┘
                          ┌──────┴──────┐
                     ┌────────┐   ┌────────┐
                     │ 学习习惯 │   │ 听、说、读 │
                     └────────┘   └────────┘
                          ┌──────┴──────┐
                     ┌────────┐   ┌────────┐
                     │  词汇量  │   │ 拼读方法 │
                     └────────┘   └────────┘
              ┌──────────┴──────────┐
         ┌──────────┐      ┌──────────┐
         │ 单词学习的素材 │      │ 单词记忆的方法 │
         └──────────┘      └──────────┘
```

个案点评

对于一个问题是否值得研究，除了要分析它是否是棘手的、现实的问题之外，还要看看它是否是一个真实的问题，在问题的表象后面存在着哪些值得我们花时间和精力去分析、探究。"科学课中学生合作学习'大锅饭'现象及纠正对策研究"这一小专题就抓住了现象背后的本质：学生在合作学习中"吃大锅饭"的原因。找到原因并对学生的不良学习行为加以纠正，这就确定了金老师的小专题的研究主题。这种对问题的不断追问的态度，是科学精神在研究型教师身上的真实体现。同样，张兰蓉等老师开展的"低段学生数学读写习惯培养的研究"，也是来自他们对课堂教学中三种现象的追问和分析：家长读不懂数学书，孩子能读懂吗？孩子做作业为什么不仔细读题？作业本怎么就变成了"大花脸"？正是这种持续不断的追问和剖析，才使老师们的思路更加清晰，选题更加准确，研究更加有针对性。

三、在对问题的聚焦中选定课题的名称

两次科研沙龙活动让老师们受益匪浅，很快投入自己的研究中。

不久，张浩老师在邮箱里又收到几位老师的邮件，他们都有一个共同的问题——研究的选题明确了，现在要撰写研究的方案，如何准确表述自己的选题呢？张浩老师给老师们发了这样一封邮件：

各位老师：

大家好！

大家开始关注"如何能准确地通过课题名称表达我们的研究选题"，说明各位选题基本成功，只是最后需要一张"名片"了，这张"名片"的设计并不是件难事。我们先来看看这个案例：

得胜、红专两所小学是因拆迁而建立起来的学校，原有学生近1600名，教学班29个，平均班额达50人以上，操场人均使用面积不足0.5平方米。面对着黑压压的一大片人头，如此狭小的空间，望着那几个零星的体育器材和一校两家、29个教学班，体育教师们不禁要发出感慨：要认真完成新课程背景下的体育教学任务——难！难！难！

问题一：安全隐患处处可见。同时有几个班级上课，而且是两个学校，两种铃声，有时铃声根本不同步。他上课10分钟你才上课，你未下课他已下课，学生在狭小的场地中追逐玩耍，经常发生从你的教学班中穿过的现象。你说危险不危险。

问题二：教师没有固定的上课地点，挤占场地的现象严重。一般体育课都是年级连堂，上节课你用过的场地，下一节课可能因为你教的班级集合慢半拍，就被其他班级占领了。课前准备好的场地，有时也可能被占领。这就让教学计划泡汤了。

问题三：班级多：29个教学班，学生的活动范围小，运动量少，密度小。个别老师常年在学校绿廊下进行体育教学，而且进行分组教学，一个项目一节课，一个学生练习，其余学生坐着观摩，由于长期以来学生的运动量少，密度小，导致所教年级、班学生的身体素质不高。其他体育教师教学经验虽然丰富，但摆脱不了学生的活动范围小的现实，只能在过道里进行体育教学。

问题四：场地小，还要课课快跑。由于师资水平不同，教学方法各异，有的教师习惯课课快跑（热身）。本来场地就小，还要课课快跑，跑的途中，学生经常从其他教学班的队伍中穿行，相互影响较大，也很危险。

问题五：由于一个场地两所学校，课前各位体育教师安排的教学内容不一样，原来确定的教学内容难以实施，教学任务只能基本完成，学生健康不能保证。

问题六：由于班额大，至少50人，最多60人。学生在课堂上还不能完全自我约束，尽管老师每节课都要强调课堂纪律，随时都在提醒学生注意遵守纪律、注意安全，但始终有个别学生不能管住自己。

问题七：学生的自主活动＝自由活动。器材严重缺乏，室外只有固定的几张烂水泥乒乓桌，其他器械全无。体育课，跑几圈，分组"自主"活动就成为我们个别教师的主要教学手段。教师轻松、学生喜欢。

问题八：学生生源中农民工子弟占89.5％，经济状况普遍差，体育着装根本无法统一，许多学生10月还穿凉鞋上体育课，体育教师节节课都要讲穿凉鞋上体育课的危险性，学生、家长就是不听，出了伤害事故，家长还说学校没有出书面通知告之。

问题九：其他学校学生上体育课，听到上课铃声肯定是朝操场跑，而我们学校的学生上体育课，听到上课铃声是朝教室跑……

在如此条件下，如何落实体育课程标准，如何进一步开展体育课程改革实验工作，其难度可想而知。场地小是实情，但不可能等到操场扩大了再让学生锻炼。在现实条件下，这正是摆在我们面前的一个既实际又具有挑战性的艰巨任务。客观事实摆在面前，怎样在现有的条件下开展体育教学改革，并落实体育课程标准呢？

问题摆在几位体育老师面前，研究的方向有了，但如何把自己想做而且能做的真问题准确地表述出来，他们先确立了"在现有的条件下开展体育教学改革的研究"这一题目。随后对这一题目进行分析发现：第一，它的研究对象是"体育教学"这一内涵和外延都难以准确把握的概念，教师无法展开真正的研究。第二，"在现有的条件下"中的条件是什么不明确，容易使研究缺乏针对性，易导致研究盲目而缺乏深度。第三，"研究"要从哪一方面着手并没有加以限定，很难操作。其实从教师的讲述中不难发现，"现有条件"就是关于小场地大班额，而体育教学过程中，教材内容不可能考虑到学校的具体条件，那么教学中如何把握教材内容，有效利用有限的场地，开展大班额的体育活动成为关键问题。于是老师们经过反复讨论，产生了新的研究题目——"小学体育教学中小场地、大班额的教材处理策略研究"。新的课题题目让老师们感到研究问题更加清晰、具体，可操作性强，研究成功的可能性增大了。①

（画外音：选题的表述关键在于准确把握题目中关键词的内涵和外延；给关键词使用限制语，所选题目短语和中心词语的限制越多，问题就越聚焦。）

最后，我给老师们介绍几个研究题目的修改实例：

● 高年级学生阅读能力培养研究

改：高年级阅读困难学生阅读能力培养研究

再改：高年级阅读困难学生个别指导研究

● 帮助学生养成边阅读边思考的习惯

改：培养高年级学生在预习中的质疑能力研究

● 小学英语中的情境教学

改：小学三年级英语单词教学设计研究

● 让三年级学生乐写教材作文

改：从教材作文入手培养三年级学生的写作兴趣研究

● 培养学生用画图法解决问题的能力

改：在中段数学教学中培养学生用画图法解决问题能力研究

● 二年级学生由读到写起步研究

改：指导二年级学生将积累词语用于写话的研究

老师们，以上的案例和说明中，你们可能已经知道该怎样表述自己的选题了，能为各位提供一点启示是我最高兴的事。

你们的朋友：张浩

个案点评

课题名称的选择是很"考究"的，一是要通俗易懂，不出现病句；二是要简短，标题不能过长，以便突出研究的主题。但更为重要的还在于对问题本身的反复聚焦。成都市得胜路小学体育组的老师们开展的"小学体育教学中小场地、大班额的教材处理策略研究"小专题，就是从问题之中筛选问题，在研究的方向明确之后，不断修正而最终形成的课题名称。这一名称的确立，既准确地反映了该校体育课教学所面临的实际困难，又为

---

① 成都市得胜小学体育组：《小学体育教学中小场地、大班额的教材处理策略研究》。

结合实际开展有效的体育教学活动寻找到了研究的切入点。同时，这一案例和张浩老师后面列举的研究题目修改实例也启示我们：课题名称应与研究的内容相一致、相吻合。

温馨提示

通过以上文字的阅读，你至少可以知道：

教师的教学研究首先始于一种对职业经验和生活经验的敏感，整个选题的过程就是要善于将这种敏感经过分析后明确出研究的问题，最后知道用什么语言能够自如、准确地表达这个问题。在小专题的选题过程中要注意以下几点：

1. 问题蕴涵在教育现象中，对于教育生活中发生的事件要有思考的习惯；

2. 做自己想做的、能做的研究，开展务实的研究；

3. 学会在纷繁的现象中"去伪存真"，在众多的具体问题中进行筛选，聚焦真正的问题；

4. 用简明、具体的课题名称，确切反映所要研究的内容、范围。

本章作者：

向艳，中学高级教师，成都市锦江区教师进修学校教育发展研究室教研员，成都市锦江区学科带头人。曾获"成都市教育科研优秀指导人员"等荣誉称号，承担课题获四川省政府颁发的"四川省优秀教学成果二等奖"。

第二章　小专题研究的思路确定

　　成都市东光实验小学的张浩老师通过研究主题到研究问题的分析，确定了自己的研究小专题"有效调控小学低年级学生数学课堂操作活动的研究"，但研究问题确定以后如何开展，心里没有谱。带着心中的困惑，她和她的小专题组的成员走访了正在开展"一年级《品德与生活》活动设计策略研究"[①] 的杜冰、李祝凤、毛翠老师，"小学语文中低段练习改革与创新作业设计研究"[②] 的黄伟、柳舒老师，"新接班级中教师与家长的磨合研究"[③] 的姚嗣芳老师，"科学课中学生合作学习'大锅饭'现象及纠正对策研究"[④] 的金娟老师，想从他们那里学到一些小专题研究中的"技术"。

　　几位老师在与张浩老师的对话中，交流了自己对小专题研究的分析及设计思路。

一、核心概念的界定

交流平台

　　张浩：杜老师您知道我是第一次进入教师小专题研究，当我确定了我的研究小专题以后，却无从下手，不知道该怎么办，我自己很着急。

　　杜冰：张老师你别着急，第一次做小专题研究出现这种情况非常正

[①]　成都市东光实验小学杜冰、李祝凤、毛翠：《一年级〈品德与生活〉活动设计策略研究》。
[②]　四川师范大学附属实验学校黄伟、柳舒：《小学语文中低段练习改革与创新作业设计研究》。
[③]　成都师范附属小学姚嗣芳：《新接班级中教师与家长的磨合研究》。
[④]　成都师范附属小学金娟：《科学课中学生合作学习"大锅饭"现象及纠正对策研究》。

常。我把我们的小专题研究的经历与你交流交流，也许对你会有所启示。

当确定了我们感兴趣的小专题"一年级《品德与生活》活动设计策略研究"后，就开始思考四个方面的问题：一是问自己从这个小专题中到底想了解些什么；二是如何获得信息去回答这些问题；三是如何收集资料，是通过课堂观察还是使用问卷等；四是如何确定研究对象，抽取多少样本以及用什么方法处理资料。

首先，我们在选题时，就是针对教师急需解决但目前感到无法解决的问题——"怎样设计活动"，进行了相关问题的思考和探讨。想通过这个课题的研究为老师们提供活动设计的策略。研究专题确定之后，对小专题进行深入的分析和理解是把握研究定位的关键，而准确把握小专题中关键词的定义是帮助我们明确研究的主要目标、内容以及确定研究思路的基本要素。在"一年级《品德与生活》活动设计策略研究"中，我们明确研究的"点"是策略问题，而且是"活动设计策略"。什么叫策略？策略是根据形势发展而制定的行动方针和行动方式。什么是设计？我们查阅了一些工具书，其中《现代汉语词典》（第5版，第1203页）是这样界定的：在正式做某项工作之前，根据一定的目的要求，预先制定方法、图样等。综合几种对概念的阐述，我们对关键词"活动设计策略"的定义就是：制定活动方法的行动方针和行动方式。

（画外音：在研究设计过程中，教师常常会遇到教育领域中的一些概念，如这里的"活动设计策略"。对这个概念，不同的人由于经验、认识、所处地位、认识角度的差异，可能会有不同的理解。为了使他人，包括研究小组成员，能在共同理解的基础上探讨问题，也为了使研究结论准确可靠，研究教师有必要明确概念的含义。有了这一基础性的工作，才有可能在随后的设计中确定如何将概念转化成可测量、可操作的"行为动词"。）

基于以上分析，我们开始思考课题的研究思路。研究思路从何而来？我们认为，应当围绕研究的主题，以问题归因为主线，首先确定研究的范畴以及在其中必须要研究的几个主要问题，从而设计相应的研究思路。我们首先明确研究目标——探寻一年级《品德与生活》活动设计的思路和方法，并形成具有操作性和科学性的活动设计策略；然后针对该问题的特点，进行问题归因。在归因时我们没有运用数据统计的方法，而主要是采取观察与交流访谈的方式，进行推理和归纳。如下图所示：

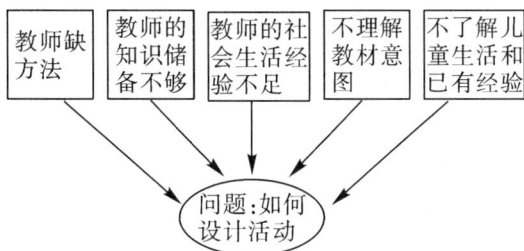

以上分析结果，主要来源于我们三位教师的观察和教师教学中的困惑，以及对课堂活动中儿童的学习状态、学习效果的观察和分析。我们对此问题进行了多次的研讨。新课程改革已五年，但是，由于《品德与生活》的学科特点，它具备了比任何一门学科都更突出的综合性和活动性特征，课程丰富的内涵带给我们教师的是更广阔的教学拓展空间；同时，也给普遍缺乏教学经验的教师带来了更大的教学压力，课程对我们教师提出了更高的要求。因此，教师产生问题的主要根源在于，不能对教材、对学生进行正确的认识和把握，以及缺少课程活动设计的方法指导等。

（画外音：教师从事小专题研究时大多会关注两件事：一是要研究的问题很多，我到底选取哪一个问题作为研究的小专题；另一个是小专题确定后我如何找到答案，也就是我怎样研究，我如何收集资料、寻求答案。至于收集什么样的资料，需要经过一定的思考和设计，这样获得的资料才可能是有价值的，才可能找到确切的答案。这种预先考虑资料的来源、选择资料收集的方法、安排资料收集的程序性活动就是研究设计。研究设计是教师小专题研究的基本思路，是教师如何开展小专题研究工作的基本框架。）

张浩：那你们这个研究团队查阅文献了吗？

毛翠：通常，在确定研究思路之前，应当搜集相关研究的文献资料，了解别人的认识和做法，从中借鉴可行的观点或得到有益的启发，同时可避免做重复研究，使得自己的课题失去研究价值。因此，我们首先查找"品德与生活活动设计策略"。经过我们的搜寻，发现关于品德与生活课程的资料十分稀少，可供参考的书籍几乎没有，我们只好从网上进行搜索。但是，当我们从文献中搜索"品德与生活活动设计策略"这个关键词组时，出现的却是"教学策略""活动设计""活动策略"等，没有关于《品德与生活》课程活动设计的策略研究，也没有其他学科活动设计策略的相关信息。从查找到的资料来看，别人只对教学策略、活动策略进行研究，而没有对设计策略进行研究，也没有针对活动的设计方法开展研究，当然，别人对教学策略、活动策略进行的研究，对我们的研究也有一些启示。

（画外音：小专题研究从本质上来说是教师的行动研究。小专题研究特别重视批判和反思，有关的文献收集和阅读是必不可少的。研究设计需要文献资料的支撑，有助于辨别和批判问题，也对我们明确研究目的和研究范围有帮助。一般情况下，除了可以手工检索文献外，还可以利用网络检索文献。在查阅文献的过程中，可以根据已有的资料对自己的研究重心做出判断。）

张浩：你们的小专题搭建了研究的基本构想和框架吗？

杜冰：我们的基本构想和框架是这样的：针对本课题的特殊性，我们准备将文献研究与实践研究充分结合起来，针对学科的特点，把研究的关注点放在对课程教材的研究、对儿童实际情况的研究、对基本活动方式特点的研究，以及设计活动的策略研究上面，而重心落脚点是"设计活动的策略研究"。

小专题研究设计思路图

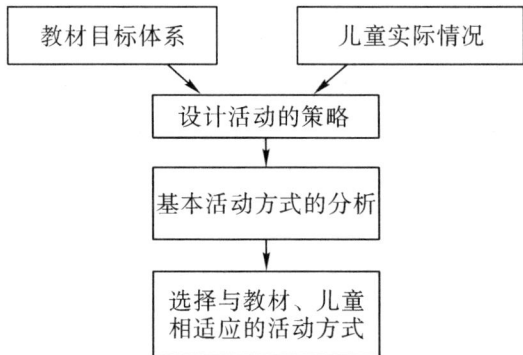

研究分为两步，第一步是根据文献提供的资料，在文献研究中解决以下几个问题：

1.《品德与生活》《品德与社会》课程的整体结构及课程意义、课程目标；

2. 常见活动方式的搜集和分析：游戏类、对话讨论类、资料交流类、动手操作类、采访调查类等；

3. 6～7 岁儿童的普遍心理特征及社会生活特点；

4. 各种活动设计方案的特点及对比分析。

第二步是以文献研究成果作为行动研究的基础，设计主要研究步骤如下：

1. 把握教材目标体系（从整体到局部，掌握螺旋式上升的目标体系）；

2. 设计主题活动（如何搭建设计方案的框架——如何分解活动目标——如何梳理活动内容，设计相应的活动方式）；

3. 对比研究设计方案（已有方案与现行方案的对比、集体备课组方案对比）；

4. 实施活动验证与反思；

5. 总结设计方法，提炼设计策略。

（画外音：案例中的小专题研究设计思路图是教师根据目前已有的知识对小专题研究提出初步的设想，主要包括重要的概念和命题及其相互之间的关系。研究教师通过图表的方式将设计思路表现了出来，图表体现了研究教师对此小专题内容的基本构想。这种处理使得研究的流程清晰明了，也使得研究的主要问题具有一定的层次，理清了问题之间的逻辑关系，这为研究的顺利开展做好了铺垫，在后续的研究中，通过实践、反思、验证、提炼、总结，不断充实每一部分的内容，并适当扩展其外延。）

个案点评

三位研究教师在提出小专题和确定小专题的题目后，大致的研究目的、范围以及重点内容就基本确定了。为了合理地进行研究设计，便于资料的收集，三位教师有目的地进一步明确所要研究的关键词（即核心概念、研究变量），它是研究中资料收集与分析的依据。由于核心概念往往是一个抽象的理论概念，研究教师会有不同的理解，因此三位研究教师有目的地界定核心概念——"活动设计策略"，即"制定活动方法的行动方针和行动方式"。有了研究小组教师对"活动设计策略"的共识，在紧接着的设计中就可以选择或制定对这一核心概念的测量工具和标准。这对整个研究来说至关重要，是研究结果有无价值的关键一环。从确定核心概念到确定核心概念的测量工具，就是要把抽象的理论转换成具体可操作的工具，把不可测量的概念转换成可触摸、可观测的量表。

通过上述案例你至少可以知道：在确定了小专题的题目以后，研究教师需要对研究的核心概念进行界定，然后选择或制定对这一核心概念进行测量的工具和标准。这样就把抽象的概念转换成了具体可操作的工具。

教师小专题研究要求教师由个人化的、孤岛式的研究走向群体合作性研究，这种研究是以个人反思为基础的，是一种批判性及理解性的合作。上述案例就是一个教师研究共同体共同进行的，在这个共同体中，教师与教师之间是主题式的对话合作关系。教师的小专题研究由于始于理解，这种理解无法摆脱自身的"先见""偏见"，即教师自身的疑惑，这种疑惑使教师产生强烈的探究愿望，研究在此起步，视野不断延伸扩大；同时需要教师采取自由、开放和宽容的态度，与他人进行合作与对话，进而使教师在疑惑与解疑的循环中向前推进。这种合作有利于拓宽教师的思路，有利于教师形成统一的教育信念，而且群体协作力量也有利于整个教师小专题研究氛围的形成。

二、研究问题的分析

张浩：黄老师、柳老师，小专题"小学语文中低段练习改革与创新作业设计研究"确定以后，请问你们是如何分析、如何入手的？

黄伟：确实小专题研究中的分析非常重要。首先我们对小专题名称和研究的问题进行了较详细的分析，从教师、学生、教材三方面我们发现存在以下困惑和问题：

语文老师的困惑：我该布置什么作业？

自从"误尽苍生是语文"的说法出来之后，语文学科承受的骂声一刻也没有停止过。近年来，随着新课改的推进，新的问题又出来了：该布置什么作业呢？

很多语文老师对于作业布置十分迷惘：做字词抄写吧，机械重复，扼杀学生创造力；做阅读吧，好多阅读设计不科学，做起来单调；做积累吧，也许一时又难以收到成效……什么样的作业量科学、高效，为学生所喜爱呢？作业的有效性在哪里体现呢？

学生的困惑：说起作业为什么没有丝毫快乐可言？

去走访一下学生：什么时候是最开心的时候？一定答曰：无作业时。

学校常见这样的情形，某间教室爆发出一阵高过一阵的欢呼声，问：什么原因？学生会说：今日老师"作业免单"！这种情形，不得不让我们反思：为什么我们的学生说起作业没有丝毫快乐？我曾经看过一个语文老师的教学手记："过了一个中秋节，今天来收作业，有一个学生没交。询问了一下这位同学，没做，口头的笔头的都没做。问了一下家长，不知道。为什么不做？忘了。为什么忘了？无言。他及其家长的无所谓状，使我顿时觉得非常生气。于是，让他补起来，写份检查，下不为例。"我们深思：这位学生为什么不做作业？必然是他不喜欢做。为什么不喜欢做？是作业本身引不起他的兴趣吗？说句实话，我们经常感到作业难布置，怎样的作业才能让学生心甘情愿地去做？怎样的作业才能满足各个层次学生的需要？怎样的作业才能多方位地评价学生？怎样的作业既能满足应试的需要，又能满足学生能力发展的需要？

从语文的基本性质看，当前语文教材中的练习作业存在以下一些问题：首先，语文练习是提高语文教学的重要方面，从语文的基本性质（工具性、人文性）看语文练习，目前的语文教学往往存在着只重结果（知识、思想），而轻过程（技能、思维）和重讲轻练的弊病；同时，当前语文教材中的练习也存在一定问题，如练习量少，忽视思维训练，练习形式比较单一，重模式、轻创新，学生完成练习的主动性不强，学生积极性不高；再从目前语文学习的状况来看，学生普遍存在语文基础能力弱（听、说、读、写），这是语文教学存在的一个主要问题。

柳舒：分析了教师、学生、教材存在的现实问题后，我们俩就开始查阅文献，了解研究现状。这样做的目的是促进我们广泛学习，避免闭门造车，了解别人已有的研究内容和成果，以找到尚待研究的领域和问题，以便进一步明确自己研究的出发点和目标；同时了解别人已有的研究思路和研究方法，以启发自己寻找到可行的研究路线和研究投放措施，避免走弯路。首先，我们用手工检索获取信息，通过目录、索引、文摘等检索工具查找了《小学语文教学》《语文教学通讯》等，获取了一些文献，比如：《作业效率低下的原因及对策》《新课标下小学语文作业设计的探索》《关于小学语文作业设计的几点构想》《对小学语文作业设计的研究与思考》《小学语文作业设计的误区及对策》《一年级识字教学中学法指导例谈》《构建小学语文学法指导框架探微》《小学语文低年级学法指导》

《语文学习与思维训练策略研究》等。其次，利用计算机从因特网上查找资料。我们查阅了"中国学术期刊网""K12中国中小学教育教学信息网""中国基础教育网"，同时也利用google搜索引擎。我们获得了这样一些资料：《小学语文学习策略研究》《新形势呼唤母语学习策略——全国语文学习策略研究培训会学习报告》《小学语文学法指导初探》《小学语文知识概要与学法指导》《基于新课程标准理念的小学语文作业设计和评价》《小学语文作业设计的激励性反馈》《小学语文作业设计行动计划》。我们边查阅边把文献资料进行了分类：一类是关于学习策略研究的理论文献，一类是关于学法指导的经验文章，还有一类是关于作业设计讨论的文章。我们将这三类文献资料与我们的小专题研究方案进行对比分析，比较一下它们之间有哪些相关的地方，而我们的小专题方案中需要解决的又有哪些是这些材料中所没有的。比较以后，我们发现了这样几个"秘密"：那些关于学习策略研究的理论文献，讨论的都是一般意义上的学习策略，比较抽象，操作性不强，更缺乏具体学科使用的具体策略；那些学法指导的经验文章，总结的都是一些具体的学习方法，但显得比较零碎，而且具体运用的对象、条件都是不明确的；而那些关于作业设计讨论的文章，大多是对当前作业设计机械重复、高耗低效等问题的揭示和批评。这个时候我们进一步明确了："小学语文中低段练习改革与创新作业设计研究"分明是从那些对作业设计批判的文章和学法指导的经验中生发出来的，但又明显地超越了它们。小专题研究中的核心概念与主要观点的采用，我们借鉴了大量的文献资料，但又没有机械重复。

另外，我们将课题研究的内容与主题跟那些文献资料进行对照，发现我们的研究确实在各方面都是比较新的，尤其是对练习设计意图进行分析，进一步明确了练习设计的目标与出发点；练习内容的指向以及探索作业改革的形式、内容、要求等都是全新的，都是材料中所没有的，表明这方面在此之前还没有人研究过，它是一个新的研究领域。通过对相关文献的阅览与分析，可以帮助我们了解他人已有的研究成果，而不至于使研究重复；更重要的是，能从他人的研究成果中得到启示，提高了自己的研究起点，并有助于明确自己的研究是否是一个新的生长点。

（画外音：教师的小专题研究是从"大处着眼、小处落笔"的。微观的切入、专题式地展开，并不意味着研究过程中宏阔视野的缺失。查阅别人的研究成果至少具有学习和研究两大功用，它可以帮助教师在教育教学具体情境中把发现、归纳的问题进行比较与筛选，以保证将其引渡到未解决的问题上。通常，小专题研究教师在选定研究问题之后，需要收集与问题有关的文献资料，仔细阅读，作一番整理归纳，进而设计研究的方法和步骤。

文献检索分为手工检索和计算机检索两大类。手工检索是利用目录、索引、文摘等检索工具来查找和获取所需文献资料的方法，其中报章杂志由于出版周期短、信息量大，反映研究成果较新、较快而受到教师们的亲睐；计算机检索是获取文献的一条比较快的路径，通常可以进行关键词查询，即在搜索框中输入选定的关键词进行快速查找，如果寻找资料的关键词不止一个时，可以按关键词的重要性顺序输入搜索引擎，最重要的关键词应最先输入。）

黄伟：文献查阅中我们还发现，随着对作业改革的形式、内容、要求的探索，与之相配套的评价方法也是一个研究的空白点，因此，我们把作业改革的多元化的评价方法也列入了研究的内容中。为此，我们把课题的研究内容与主题确定为：（1）通过研究，突出实效性，对作业设计意图进行分析，进一步明确练习设计的目标与出发点。（2）通过研究，突出创新性，探索作业改革的形式、内容、要求及多元化评价方法。（3）通过研究，激发学生的积极情感、态度、价值观。让作业不仅有效地提高学生的学业水平，而且能使学生的自主精神、创新意识、实践能力得到明显的提高，促进学生和谐全面的发展。

个案点评

教师的小专题研究可以是借鉴与优化中革新自我的教育教学理念与方法的过程。教师不必因为他者经验的情境规定性就放弃了借鉴、优化的尝试，现实问题的解决往往是综合方法的联合运用，这里面他人和自身的经验交织在一起，指向于问题的解决。因此在研究的过程中，如同案例中的两位教师那样，怀抱着一种开放的姿态，广泛吸纳优秀的教育成果；同时，自身也参与价值判断的筛选、糅合、创造。

三、研究思路的梳理

张浩：再问一个问题，为什么你们会把研究锁定在小学中段呢？

柳舒：我们把研究的范围锁定在小学中低学段学生是由于：第一，中低学段正值小学生的语言发展关键期，该学段的学生先天就具有学习语言的巨大潜力。我们应该抓住这个语言发展的关键期，进行语文教学，设计生动有趣的练习，让孩子在练习中感受语文学习的魅力及乐趣。第二，每一学段的练习改革与创新作业设计既有共同点也有一些独自的特点，我们俩所教的班正值中段，因此，我们就以自己的学生为研究对象。随着学生年龄的增长，我们也会研究高段学生练习改革与创新作业设计。

（画外音：教师的小专题研究是一种"小题大做"的积累式研究。所谓"小题大做"就是深入教育的某一个方面的某一个因素或某一个点，发现一个具体而特殊的问题域，先从特殊的角度深入挖掘问题背后的问题……直到触及实质层面，提出一个有深度的"小"问题，然后全面地加以研究，提出有新意的解决问题的新方法。当这一问题解决以后，其问题域中的新的问题又会产生，比如上述小专题研究中的问题基本解决之后，研究教师又继续思考在新课程背景下高段学生练习改革与创新作业设计与中段有无共同之处，是否有它特殊的地方，我们应如何解决……教师就是这样通过积累式的研究，在分别对有关小问题进行研究并取得成果的基础上，逐步进入"大题小做"和"大题大做"的境界。）

张浩：那你们俩是不是在研究启动的时候就已经计划好了收集信息的渠道？

黄伟：是的，我们根据已确定的研究主题，从学生作业的形式及设计途径上下工夫，列出了需要收集的信息和资料种类，再列出这些信息的可能来源。我们列出的资料包括：

●语文练习多样性设计与研究性作业典型个案。我们预设将小学语文中低段练习改革与创新作业设计分为基础训练、综合训练和研究性作业。基础专项训练包括：

1. 字、词、句基本训练，两种思维基本训练。

（1）学习掌握字的形、音、义，从一义到多义，是联想的思维训练；

（2）学习形近字、多音字，是类比的形象思维训练；

（3）学习字的偏旁部首，是类比、分类的思维训练。

2. 阅读教学的思维训练

（1）把课文中描写联想、想象的句子、段落画出来；想一想，你还有别的联想（比喻）、想象吗？

（2）阅读课文后，闭上眼睛把课文中描绘得很好、很美、很具体的人物、情景想象出来（包括视觉的、听觉的、嗅觉的）；

（3）给课文某些人物、情景绘画；给诗配画；给课文选一段配乐；

（4）有的课文内容，可以在想象的基础上进行表演；

（5）提出观察要求，在课内、课外（校园、路线、公园）仔细观察，然后进行说、画、写练习；

（6）写观察日记，有的配上画（图文并茂）；

（7）给出一定景物（不要太复杂），做种种比喻、描写；

（8）辅导背诵前先想象。

综合训练主要强调学生的自主活动，为学生的写作、口语交际提供纵横驰骋、尽情发挥的机会，充分展示每个学生的个性和特长。主要形式有：

1. 搜集与课文有关的民间故事、神话传说、历史人物故事与同学交流；

2. 收集与课文有关的常用俗语、谚语、成语并写出意义和相关的故事；

3. 写出与课文有关的公益广告词；

4. 召开与课文主题有关的调查报告会；

5. 还要配合大量的课外阅读。

研究性作业包括：搜集资料、分析研究、观察、参观、访问、新闻综述、出墙报、举行故事会和报告会。

●将练习纳入课内，形成讲练结合，突出实效的研究课课例；

●研究案例及思考；

●作业改革实例展示；

●阅读书目及读后感；

●研究论文；

●形成作业改革专题研究报告。

个案点评

　　黄伟、柳舒两位老师在确定研究的思路时根据已经确定的研究主题，列出需要收集的信息和资料的种类，并说明了这些信息和资料的可能来源。教师小专题研究的资料大致包括：文字描述的课例或课历、测量工具或量表、主观的观点或看法、分析或论证、案例或故事、学生作品等。黄老师、柳老师的研究将研究资料获得的途径放在了研究的进程中，并在其中获取语文练习多样性设计与研究性作业的典型个案、综合训练活动的资料、学生研究性作业资料等。案例中，教师小专题研究设计思路的表达与东光实验小学的杜冰等老师的研究有所不同，这个研究的设计思路是用语言表达出来的，层次清楚。

　　上述案例说明，教师进行小专题研究设计的任务就是要确定解答问题的途径、策略、手段；研究设计需要根据研究的目的，从各种角度确定研究类型，并制定相应的策略。

　　张浩：姚老师，您的小专题"新接班级中教师与家长磨合的研究"的研究过程和研究成果我都很欣赏，特别是您的研究过程的流程很清晰。我的小专题确定后，对于研究过程的流程设计我还很困惑，您能点拨我吗？

　　姚嗣芳：张老师你别着急，我把自己研究的流程是如何设计出来的这个过程与你交流，也许你能从中受到一些启示。

　　这是我的研究过程流程图：

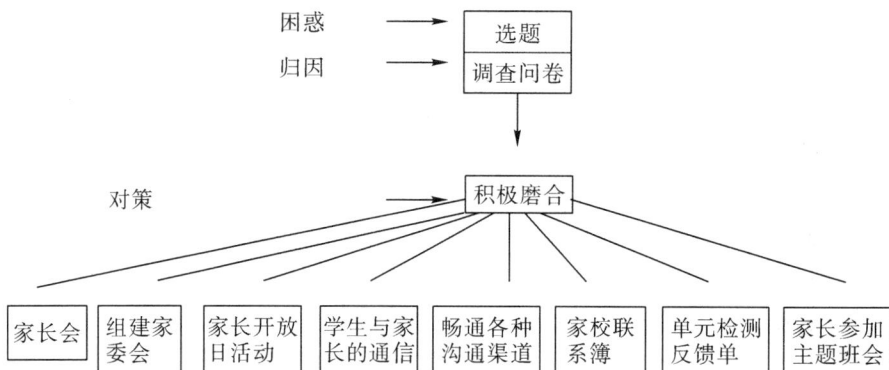

　　（画外音：姚老师的研究流程图实际上就是拟订整体的计划，即研究

的全盘设计，她在这个全盘的设计中确定了研究的思路和实施要点，为最终解决问题提供了行动的方案。由于教师的小专题研究大多为定性研究，因此教师在拟订整体计划时，可以像姚老师一样只需提供研究的基本构想和框架即可，因为定性研究的设计和程序是应变性的。）

我先说说这个小专题的选题。该小专题是源于问题的课题。2005 年 9月，当我新接一个五年级的班后，我发现该班学生的身上存在一些问题，如：学生的心理素质较差，学习的紧迫感不强，自主学习的意识和能力不强，部分学生的自理能力差，依赖性较强。本来，学生存在这些问题都是正常的，是他们成长中必然会出现的问题。作为一名从教 20 年的老师，我认为有必要引导孩子们逐步克服这些缺点。但没想到的是，我给学生制订的种种规定却被一些家长认为是要求过高、过严，甚至认为我的教育观念有问题。而学生呢？也觉得难以和我亲近起来，总觉得我提出的要求难以达到，学校教育与家庭教育无法形成有效的合力，直接影响了教育的实效、学生的发展。一段时间内，各种问题使我感到非常困惑。面对这样的现状，经过冷静的思考后，我意识到，要想让学生及家长接纳我，认同我，我必须主动出击，积极探索有效的方法，实现家校教育的和谐，尽快缩短磨合的周期。因此，我就选择了这样一个针对性强，切入点小，便于进行个性化的务实研究的小专题。

选择这样一个小专题后，经验告诉我，应该首先弄清楚学生与家长心里想了些什么，为什么他们难以适应我的要求？他们的抵触情绪来自哪些方面？他们有着怎样的心理期待？他们的教育理念是怎样的？因此，我着手进行问题的归因。一方面，我分别与学生进行交流，了解情况；另一方面，我设计了一份给家长的调查问卷，请家长从自己的教育理念、学生学习生活的多个方面、对老师的意见及建议等角度进行回答。由于我诚恳地向家长讲明了我设计问卷的初衷，家长们基本上能畅所欲言，讲出真实的心声。之后，将全班家长的问卷进行了认真的统计分析，我将学生及家长与老师间的不适应归纳为四点：一是孩子面对老师严格要求的不适应；二是家长教育理念的偏差与教育方法的失当；三是老师与家长间的沟通理解不深入；四是学校对家庭教育的引领指导力度不够。

（画外音：由于教师的行为在很大程度上受到教师的教育理念、个人从教经验和生活经验的影响，因此他们对知识的理解与诠释、对待教育教学的态度、对学生的了解程度是各不相同的，教师的教育教学实践或多或少带有个人特征。姚老师是一个具有实践智慧的教师，她有自己的思想，对问题有自己的见解。当遇到新接班级的家长和教师对问题的看法不协调时，她没有回避，而是以此作为教育的时机采取行动，这是一种在一个在特定的情境中的个人反应或智慧性行动。）

面对这些问题，我想，我应首先实现家长和教师的沟通与理解，然后在充分理解家长的基础上，通过有效的途径、方法，实现家长与学校教师的有效沟通，促使家长客观认识学生的现状，形成科学的育人观念，使教师与家长能积极互动，研讨有效的教育方法，实现家校教育的和谐，提高教育的实效。

张浩：听了您的介绍，我对您的小专题的研究过程的流程设计以及设计的初衷有了比较清晰的理解。那么，您最后确定的思路是怎样的？

姚老师：有了上面的那些认识，我心中基本上确定了课题深入开展的方向与思路。我针对实际问题，深入研究工作策略，不断创新、改进工作思路。我决定把家长工作作为重要的内容高度重视，把家长和教师作为共同促进学生发展的主体和平等的合作伙伴来看待，从各方面推进课题。

思路一：家校经常及时沟通。我从各种渠道加强与家长的沟通，通过电话、家访、电子邮件、"家校联系簿"、单元检测信息反馈、家长沙龙等方式经常交流，让家长及时了解孩子的情况，同时也深入了解家长们的真实想法，及时调整我的工作。

思路二：积极发挥家委会的作用。我积极发挥主导作用，紧紧依靠家委会成员的力量，围绕一个中心（各项工作以班主任为中心），发挥两种功能（班委会的桥梁功能和聚合功能），建设三个平台（办好《五三班通讯》"家长沙龙"、网上信息交流平台），开创四种局面（家校互动合作良好发展、学生全面和谐发展、家庭学习氛围切实改善、班级文明和谐状态得到有效推动），使他们成为我工作的强有力的助手，充分彰显家委会的桥梁作用，激发家委会工作的创造性，有效推进了各项工作。

思路三：在互动中发挥教师的指导与引领作用。针对家校之间在教育问题上存在的各种不协调，促使家校的互动。除了常用的家校联系手册、家访、家长开放日及利用家长接送学生的时机交谈等，我还经常通过班级公众邮箱、举办家教讲座、《五三班通讯》、改革家长会、邀请家长参加主题班会等班级活动、引导学生与家长通信等方式，与家长进行交流，讨论家庭教育热点问题，促使家长与孩子的沟通，传播科学的教育知识，帮助家长提高家庭教育能力。

个案点评

教师的小专题研究并非从零开始，教师自身所具有的人格特质、知识储备、教学行为、教育观念、职业理想等都是教师小专题研究必不可少的前提性因素。从姚老师开展小专题研究的案例中我们可以发现，姚老师是一个很有潜力的研究型教师，首先是她对研究有很浓烈的热情，能够在工作中敏锐地找到自己研究的"兴趣点"，并且能够不断地挖掘；其次是姚老师能够计划自己的行动，在实现目的的过程中能坚持预定的方向，分析出现的新情况、新问题，将行为和结果与目的进行对照，克服遇到的各种困难和障碍。

上述案例说明：当教师的小专题确定以后，需要拟订整体的计划即研究的全盘设计，在这个全盘的设计中需要确定研究的思路和实施要点，为最终解决问题提供行动的方案。由于教师的研究大多为定性研究，因此，教师在拟订整体计划时，可以以流程图的方式来体现基本构想和框架。

四、典型个案的剖析

张浩老师听完姚老师的介绍，谈了自己研究的动因，她特别提到班上有个别的学生特别典型，姚老师推荐她去看看成都师范附小金娟老师的小专题研究"科学课中学生合作学习'大锅饭'现象及纠正对策"。于是，张浩找到了金老师并向她"讨教"。

张浩：金老师，我准备进行"有效调控小学低年级学生数学课堂操作活动"的小专题研究，而且想在研究中跟踪观察典型的学生。听姚老师介绍您的小专题研究能给我启示，您能介绍一下您的研究吗？

金娟：行。在科学课中实施合作学习一段时间以来，我发现，个别组员不愿意当记录员，因为怕写字；不愿意当组长，因为怕对学习任务负责；人云亦云，不愿辛苦自己去思考问题等等。这些学生会尽可能地偷懒，却与那些辛苦工作的组员一同共享受着小组学习的成果。我把这种在合作学习中出现的好逸恶劳、坐享其成、缺乏合作学习责任感的"干多干少一个样"的现象称作"大锅饭"现象。

面对这些问题,我开始思考出现这些问题的原因,是什么原因导致学生对合作学习这样不负责任地吃"大锅饭"呢?我的假设性归因有三:(1)合作学习任务缺乏吸引力;(2)合作学习小组缺乏凝聚力、小组成员个体责任感缺失;(3)学生自身不具备合作学习的能力。根据自己的假设性归因,我确定本课题主要解决以下问题:(1)将相关理论与小组合作学习实施过程紧密结合起来,开发出保障小组合作学习实效的策略;(2)充分关注合作学习小组中的每一个个体的参与状态,归纳出一系列适合不同发展层面的小组参与者的指导策略,特别是关注弱势群体和强势群体在合作学习中的成长,形成在小组合作学习中发展弱势群体和满足强势群体的指导建议;(3)确保科学课合作学习小组的建设,开发出可持续性和操作性强的小组合作学习评价体系。

张浩:金老师您查阅文献了吗?

金老师:是的,我查阅了。因为我认识到,我十分需要查阅相关文献,用已有研究成果和相关理论来支撑我的研究。通过学习裴娣娜教授主编的《主体教育与我国基础教育现代化发展的理论与实验研究》课题组文集,丁安廉、和学新主编的《主体性教育的教学策略探索》,裴娣娜主编、任长松著《探究式学习——学生知识的自主建构》等书籍,以及《中国教育学刊》《教育研究》《教育理论与实验》《人大复印资料》等教育理论核心刊物和上网查询,使我了解到本课题在国内外同一研究领域的现状与趋势:目前,合作学习的实践已遍及世界各国。从发展阶段上看,大致可以分为三个阶段:一是初级阶段(20世纪60年代末至70年代中期),一些合作学习策略初步形成,如"小组—游戏—竞赛法"等都是这个时期提出的;二是取得实质性进展阶段(20世纪70年代中期至80年代中期),合作学习的理论日渐成熟,影响逐渐扩大,形成一种十分有前途的教学流派,提出了"小组成绩分工""小组辅助个人""小组调查法"等合作策略;三是与其他相关理论的融合发展阶段(20世纪80年代中期至今),合作学习继续向成熟发展,与其他相关的教学理论之间出现了融合的趋势,"合作掌握学习"和"合作学习与直接教学一体化"的出现就是很好的例证。同时,合作学习的观念已开始渗透到学校的各个层面,不局限在课内。

我国的合作学习研究自 20 世纪 90 年代开始，呈现了蓬勃发展的态势，以合作学习为研究对象的省级课题就有多项，公开发表的实验报告和学术论文就逾百篇。

我发现对于我的具体问题，以上研究中仍未提及相关可操作性案例和解决问题的具体策略。

通过文献分析，我受到了启发，并整理出解决问题的思路，决定从三个方面入手来进行研究：

一是针对合作学习小组缺乏凝聚力、小组成员个体责任感缺失的问题进行研究。增强小组凝聚力，加强合作学习小组建设，明确个体责任是当务之急。第一步是确定适合的小组共同合作学习奋斗目标。第二步是建立合作学习制度，明确个体职责，如分配角色（组长、记录员、计时员、音量控制员等角色），明确职责。在不同的学习任务中，角色可以轮流互换，这样既保证了每个组员轮流承担相应的合作学习责任，又确保了每个组员享有相应的合作学习权力，有效地避免了偷懒者吃"大锅饭"。第三步是建立小组标牌，培养归属感。尤其重要的是第四步，落实评价制度，增强激励效应。通过发动学生分层自主评价管理，有利于发挥评价的持续影响作用，促进各个组员合作学习的自觉性和责任感的形成。

二是跟踪观察个别典型学生"吃大锅饭"状态研究。比如我校五年级三班的动力特区小组的 S6 同学。她的表现是：刚开始合作学习的时候感到很新鲜，两次为小组带来过实验材料，有过几次积极发言，最近一段时间不参与合作学习，不能按时完成实验记录表，上课注意力分散，有时与小组其他成员争吵。我决定锁定她作为我的观察和辅导对象。我采用定性跟踪观察法：持续观察 S6 同学和她所在的小组合作学习实况；同时并用实验法：控制变量——不同的合作学习任务、教授合作学习技巧和访谈、辅导小组组长、其他成员的方式连续干预动力特区小组，持续观察因变量 S6 同学的变化，对观察到的情况进行归因、比较、分析——再干预、再观察、再归因、再比较、再分析，形成良性循环。为了能够尽可能客观、完整地呈现 S6 同学转变的整个过程，以及寻求到有效的纠正学生合作学习"大锅饭"现象的对策，我设计了观察记录表。记录表中有体现学生在小组内对话的内容记录（便于分析学生间是否真正合作起来，是否有相互启迪的对话，是否有相互砥砺的对话，是否弥漫着就事论事气氛，是否形成了针对合作任务的良好合作氛围），有教师阅读小组成员对话后的猜想和现象分析，有针对现象采取的相对应的具体对策。锁定 S6 同学的定性跟踪观察记录必须要有纵向持续性记录，纵向持续记录要体现因变量 S6 同学的点滴变化。通过定性跟踪观察和实验法深化研究、创新，使之不断完善、提升，探求指导小学生主动参与小组合作学习的有效策略。

三是针对合作学习任务缺乏吸引力的问题进行研究。我决定采用对比实验的方法在平行班进行对比教学。自变量是学生的合作学习状态，因变量是合作学习任务的设计。要呈现对比实验的效果，同时仍然需要用定性跟踪记录的方法，记录下同一个教学内容，在不同的平行班学生中教学。源于学生学习状态影响，教师不断调整合作学习任务的设计，从而减少，甚至避免合作学习小组成员的"吃大锅饭"现象。在这个系列记录表中，要体现：任务设计方式的不同，学生合作学习状态不同，教师的猜想和分析，以及每次改变任务设计的依据和思路，在横向比较上呈现出合作学习效果的差异。

个案点评

教师的小专题研究需要教师观察、实验，金老师在观察中发现问题，由"问题"到"设想"再到"尝试"与"总结"。由于教师的小专题研究是对自身的教育教学实践的理解过程，作为理解者的教师总是带着由具体教育教学情境所给定的"视角"去理解教育活动及其产品，因此金教师在进行归因时，充分利用自己已有的经验和智慧，并采用"问题 1——解决问题 1；问题 2——解决问题 2……"这种问题解决式的方式来加以研究。

金老师的小专题确定以后，她根据研究的中心事件和具体情况选择了研究的类型，比如她认为应"充分关注合作学习小组中的每一个个体的参与状态，归纳出一系列适合不同发展层面的小组参与者的指导策略。特别是关注弱势群体和强势群体在合作学习中的成长，形成在小组合作学习中发展弱势群体和满足强势群体的指导建议"，研究的中心事件和情况是"单一个体或单一群体案例"，教师就选择了"个案研究"这种研究类型。

接着，金老师出示了自己的研究框架图：

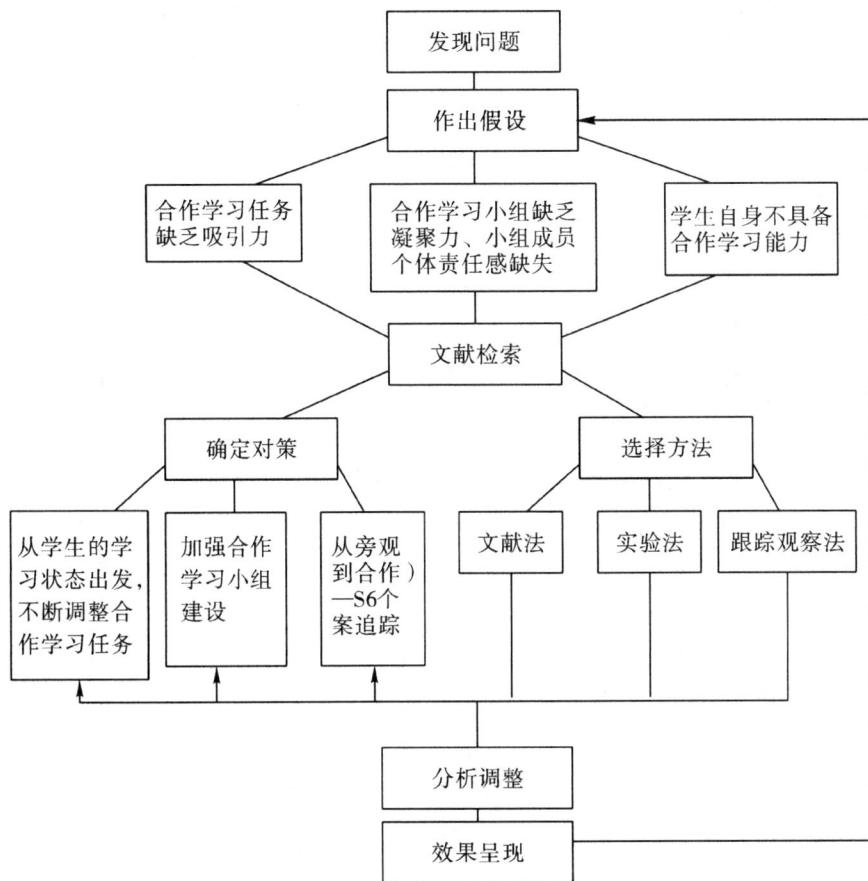

金老师把她的对 S6 的定性跟踪观察记录进行了部分展示（见第四章"教育观察法"）。

个案点评

《美国国家技术教育标准：技术学习的内容》一书中写道："设计被许多人认为是技术开发中的核心的解决问题过程，设计对于技术，就像探索之于科学、阅读之于语言艺术一样。为了掌握设计过程，除了对实施设计方案以制造一个产品或系统这一过程应当熟悉之外，还需要获得进行一个设计所需要的认知性知识和程序性知识。"小专题研究设计就需要从技术的角度看研究，具有一些规范性的技术要求。其中的技术之一就是要理清小专题研究设计需要回答哪些问题。从逻辑上来讲，小专题研究需要回答：（1）研究什么，也就是要解决什么问题；（2）怎样研究，也就是怎样解决该问题；（3）研究的预期结果是什么等。上例中，教师在确定要研究"科学课中学生合作学习'大锅饭'现象及纠正对策"这一小专题后，通过归因就明确了要解决的主要问题为四个：合作学习任务缺乏吸引力；合作学习小组缺乏凝聚力；小组成员个体责任感缺失；学生自身不具备合作学习能力。在分析这四个问题时，教师对问题都形成了一些初步的认识；接着教师拟定了解决上述问题的主要思路和改革的措施，包括教师准备以"从学生的学习状态出发，不断调整合作学习任务""加强合作学习小组建设""从旁观到合作——S6个案追踪"三个方面，同时采用文献法、实验法、跟踪观察法来进行研究。

教师的小专题研究需要具体的研究行为和策略来保证研究实施的有效性，也就是说，教师要针对解决日常教学活动中出现问题的过程来采取具体策略和研究步骤，这些策略和步骤又会随问题的不断解决而进行调整和改变。在上例中，我们可以看到教师采用"问题——具体策略"这种一一对应的方式，就保证了研究的有效性。

上例说明：（1）教师小专题研究需要明确：①研究什么，也就是要解决什么问题；②怎样研究，也就是怎样解决该问题；③研究的预期结果是什么等。（2）教师小专题研究设计需要思考研究的行为和策略，应该根据研究的目的，确定研究的类型，并制定相应的策略。事实上教师的研究行为和策略是教师小专题研究思路的外化形式，它体现着教师对教学问题的独特理解，是教师从自身的教学情境中找寻解决问题的重要途径，教师只有在不断地想与做的交替中完善自己的小专题研究。

教师的小专题研究同其他研究一样，是一个追求真理、寻找有意义的和可以信赖的知识的过程。当然"真理不是一个僵固在那里、现成拿来可供享用的东西，而是需要教育研究者的主动参与，全身心'体验'，对教育活动的意义、价值、运作方式等不断地'解读'、选择和创造。教育的真理与其说是被'发现'的，不如说是被创造、建构出来的"。而教师对教育活动的意义、价值、运作方式等的"解读"、选择和创造，需要有意识地监控和调节。

温馨提示

通过阅读本章内容，你至少可以知道：

1. 教师在思考小专题的设计思路时既可以用语言表达也可以用图表来表现。

在设计图表时需要教师严谨的思维条理和一定的创造力和想象力，可以采用下述的"头脑风暴"的方式问自己[①]：

——我对这个研究问题已经有了哪些理解？

——这些理解是否可以形成一些概念？这些概念可以组成什么命题？

——这些概念和命题之间存在什么关系？

——这些关系是否可以形成一个大的框架？

——我可以如何来勾画这个框架？

——还可能有什么不同的画法？不同的概念图可能导致什么不同的结果？

在研究正式开始之前就理清设计思路是为了促使研究教师用比较简洁、直观的方式将研究问题所包含的重要内容呈现出来。当然在研究的过程中，研究的内容可能会变，各部分内容相互之间的关系也可能会变。

2. 教师小专题研究中的文献检索是必要的，不但在研究开始之前进行文献检索，在小专题研究进行之中和之后也应该进行文献检索。

3. 在设计小专题研究思路时需要对研究的方法进行适当的思考（初步的、猜测性的），根据研究的问题来选择研究的方法。在对研究的方法进行选择时应有意识地寻找研究问题与方法之间的匹配关系，可以询问自己："通过这项研究我究竟想要获得什么样的研究结果？"然后可以想想自己可以采用什么方法和步骤来获得这些结果。

本章作者：

贺慧，硕士，中学高级教师，成都市中小学学科带头人，现任成都市锦江区教师进修学校副校长，主要从事区域性教育科研管理、教师教育和中小学课堂教学研究。从教 17 年，有 12 年在学校从事教学工作，担任过

① 陈向明：《教师如何作质的研究》，教育科学出版社 2001 年 6 月版，第 35 页。

班主任、教研组长和学校教科室主任。在各级刊物上发表论文 20 余篇，主持或参与各级课题研究 9 项，获省市教学成果一、二、三等奖。曾被评为成都市教育科研课题优秀指导人员、成都市教育局教育科研课题优秀研究人员。

第三章　小专题研究的方案制订

在锦江区新苗四期培训班学习的何苗老师确定了自己的研究小专题"小学数学低段学生倾听习惯培养的研究",有了前期分析和设计思路,随即要做的工作就是进行方案的制订,但如何进行方案设计呢?她又犯难了。带着疑问,她和她的小专题组的成员走访了正在开展"小学低段学生数学学习兴趣培养策略研究"的王燕老师、"用好课前预习卡,提高预习有效性"研究的王霞老师、"高一英语新课导入的研究"的杨晓薇老师、"探究'问题解决'与'计算教学'融合的实施方法"研究的郑珺老师、"加强小学高段学生语言运用能力的培养"研究的曾雯老师等。

何苗想通过访谈区域内小专题研究的先行者,了解教师到底该怎样进行小专题研究方案的制订。

一、研究方案的最初拟订

问题信箱

何苗:郑老师,您好!我是第一次进行教师小专题研究,我们好不容易才确定了研究的小专题,学校又要求制订研究方案,但我很茫然,什么是研究方案?一定要制订小专题的研究方案吗?

郑珺:何老师,不用着急,我们都是从茫然开始的。研究方案,就是课题确定之后、正式开展研究之前制订的整个课题研究的工作计划,它初步规定了课题研究各方面的具体内容和步骤。研究方案对整个研究工作的顺利开展起着关键的作用,尤其是对于科研经验较少的老师来讲,一个好的方案，可以使我们避免无从下手，或者避免我们去进行一段时间研究后不知道下一步干什么的情况，保证整个研究工作有条不紊地进行。我认为，研究方案相当于研究正式开始之前的"书面计划"，犹如工程蓝图，具体规划着该工程的内容与程序，对内可以统一思想和步调，对外可以增进别人的了解。制订研究方案可以增强课题实施的自觉性，避免盲目性；可以提高课题研究成果的质量，使课题研究实现具体化，可操作化；可以加强对课题的管理和自我检查，为课题顺利实施提供外部保障。可以这样说，研究方案水平的高低，是一个课题质量与水平的重要反映。

何苗：郑老师，好一个"工程蓝图"，让我一下明白了小专题研究方案的重要性，谢谢您！为完成好小专题研究，我们要争取做好这个"书面计划"。制订小专题研究方案有什么具体的要求呢？

郑珺：在进行研究方案的制订时，我们学校提出了这样的要求：

1. 认真细致

认真细致地查阅资料，认真细致地进行思考，认真细致地撰写方案，认真细致地讨论修改。

2. 明确具体

老师制订方案时，要明确具体。研究方案中不应该有套话、废话，不应该有不必要的修饰词。

3. 设计科学

研究方案的设计要讲究科学性，要符合教育研究方法的要求，要在掌握一定理论和事实材料的基础上进行。研究方案的制订还要切实可行，充分考虑自己的研究能力和研究条件。

个案点评

小专题方案是整个研究工作的灯塔、方向、模型。因此，郑老师所在学校要求教师严肃认真、科学地制订课题方案，认真细致地查阅资料、思考论证、讨论修改。好的方案应该体现研究的必要性、科学性、理论性、可行性、规范性的统一，具有鲜明的个性。教师可多方面地收集资料，加强理论学习，只有这样，我们写方案的时候才能更有把握一些，制订出的方案才能更科学、更完善。

交流平台

何苗：听了郑老师的介绍，我知道了制订小专题研究方案的重要性，了解了制订研究方案的要求，之前我们也学习了相关资料，现在就准备制订方案。但我们仍无从下笔，制订小专题研究方案的基本步骤和方法是怎样的呢？王老师，听说你也是新老师，我很想知道你是怎样做的？

王燕：你知道我也是新老师，只是先走一步，早开始进行小专题研究，有一些制订研究方案的体会，大家一起来看看我们的研究方案吧。我们按以下的步骤制订了小专题"小学低段学生数学学习兴趣培养策略"的研究方案，希望能对你们制订方案有帮助。

（一）确定小专题名称

确定小专题名称，这是制订小专题研究方案的第一步。在制订研究方案时，我们查阅了相关的著作文献，从中认识到：小专题的题目应能确切、简练、清楚地表述需要解决的问题、研究的对象及研究的方法，要"画龙点睛"。

我们研究小组确定的小专题是"小学低段学生数学学习兴趣培养策略的研究"，你们一看题目就知道，我们研究的对象是小学低段学生，研究的问题是数学学习兴趣的培养策略。

（画外音：这一课题名称告诉我们，一份完整的研究方案应该回答的第一个问题是：研究什么？这就要求教师根据所要研究的问题，提炼出课题的名称。小专题名称通常有两种形式：

两段式，例如：用好课前预习卡，提高预习有效性的研究；让小乐器进课堂，丰富学生审美情趣的研究。这种形式表明二者之间可能具有某种因果（或相关）关系。

一段式，如小学生语文课外阅读摘抄习惯的培养研究、中学物理课堂提问有效性研究等。这种形式表明是对某一问题的研究。）

（二）阐述研究的目的、意义和背景

杨晓薇：刚才王老师谈了确定小专题名称。我想名称确定后，接着应阐述小专题研究的动因和意义。我们的小专题是"高一英语新课导入的研究"，研究的动因是基于以下三点思考：

●由新课程的理念引发的思考

目前，新课程对英语教师的课堂教学行为提出了更新更高的要求，强调"在教学中教师应创设能引导学生主动参与的教育环境，激发学生的学习积极性，培养学生掌握和运用知识的态度和能力"。新课改的要求使我们感到现代课堂教学中教师不仅需要崇高的师德，过硬的业务能力，还需要更多地关注学生，关注课堂教学发生、发展的过程，在关注教学对象的过程中，教学的技巧和艺术是十分重要的，有了教学的艺术才会使课堂教学充满人文情感，充满活力，充满智慧。课堂教学的艺术包含诸多方面，新课导入的艺术就是其中的组成部分。所谓"良好的开端就是成功的一半"，新课的导入艺术是创造优良教学情境，营造良好课堂氛围的一个不可忽视的重要环节，课堂教学如能一开始具有"引人入胜"的艺术魅力，就为整堂课的进行做好了铺垫，因此，对新课导入的研究是新课程课堂教学的要求。

●由新教材的编写结构与体系引发的思考

北师大版新教材的语言素材具有时代性和现实性，如信息技术、环境卫生、友谊亲情、法制科学、文化艺术等内容，选材也充分考虑到学生的兴趣与需求，有孩子们喜欢的音乐、体育、科幻、旅游、新闻、风俗、饮食等内容，十分贴近学生的生活和经验。新教材每一单元的热身部分是通过任务性活动来激活学生已有的相关背景知识并迁移新的知识，目的是鼓励学生自由讨论、大胆想象、充分思考，同时也是帮助学生归纳、总结已有的知识。这些任务性活动的丰富、生动、有趣，为后面的学习起到了很好的铺垫作用，所以，教材中该部分的设计本身就是很好的导入板块。因此，对导入部分的研究是新教材教学的要求。

●由学生的学习现状引发的思考

我校高一学生生源不好，高中考试入口成绩低，特别是英语学科不少学生由于初中学习"欠账"较多，对英语学习普遍兴趣淡漠，抱着"得过且过"的心理学习，有的甚至于产生厌学情绪；还有一部分学生想学好英语，但对英语有畏难情绪，学习信心不足，自我期望值过低，缺乏内在动力。基于以上的考虑，我们想以高一起始年级学生为研究对象，通过课堂教学研究寻找到帮助学生重新树立学习的自信心，激发学习兴趣，改善学习态度的方法和途径。因此，选取对新课导入部分的研究是学情的需要，也是我们微格教学研究的第一步。

郑珺：杨老师通过从三个不同层面的思考，阐述了她们的小专题研究的动机和意义。阐述研究的目的、意义和背景，这是制订小专题研究方案的第二步。我想还可以介绍小专题研究的背景，我想结合"探究'问题解决'与'计算教学'融合的实施方法"，说一说我们这个小专题的研究背景：

●计算方面：

对学生计算情况分析：

开学伊始，我新接到三年级两个班，为了使教学更有针对性和时效性，我与同组教师一起，就北师大版教材计算部分学生的学习情况做了一个测试和调查，从问卷调查中我发现：学生普遍知道计算的重要性，并对其重要程度和用途说得头头是道。不仅如此，学生都觉得计算很简单，应该得分很高，而且百分之百的学生对计算的算理和算法都能正确掌握。但是测验批改情况却是：全班的平均分只有九十四分多一点。老师要求计算之后所有的孩子都要检查，但是每次检查的人数只占全班的 31%，偶尔检查的占全班的 24%；正确率最低的是第四组和第五组的最后一题，只有 85.7% 的正确率。由此可见，学生当前的计算技能不容乐观，失分率普遍较高。究其原因我们分析主要是学生对计算试题感知能力较弱，有意注意持久性较差，记忆不完整造成错漏以及学习习惯差，没有真正认清正确计算的重要性，对计算没有兴趣。

教师教学现状分析：

从调查中我们感觉教师教学上也存在问题：在教学两步计算时，教师没有注重对算理、算法以及二者间关系的理解，学生只是机械性地、记忆性地进行口算，时间一久就忘了；计算提问和比赛时，学生只图快，不假思索地脱口而出，教师对"先是正确，然后才是快"的要求强调不够，没有让学生树立正确的计算观念；在计算训练中缺乏针对性，练习的形式、方法单调。

●计算的应用方面：

新旧教材关于计算及应用对比分析：

人教版教材将应用题归类教学，而在北师大版教材中并没有单独设立"应用题"章节，而是将其与计算教学结合在一起，以"问题解决"的方式呈现，从其形式来看，比较散。

我们一线教师在教学中对这种编排形式把握不足，同时教师们对"问题解决"教学改革的认识有一定的偏差，导致在指导学生进行"问题解决"的学习过程中对重难点的把握认知不足，致使学生的学习无序；教师教学无学习方法指导，致使学生对问题解决缺乏判断和分析能力，教学不够落实。

针对上述情况，我们感觉按照新课程的理念和要求，改进计算训练方式，加强计算在生活中的应用，是体现计算价值的根本所在。而教学效率的提高，根本途径在于研究和把握小学生进行计算学习的认知需求。因此，探究"问题解决"与"计算教学"融合的方法研究就这样产生了。

通过学习和实践中的反思，我们认识到：任何课题研究不是凭空来的，因此，在制订研究方案时，首先需要阐述课题研究的背景，即根据什么、受什么启发而搞这项研究的；其次要阐述此项研究的目的和意义，即为什么要研究，研究的价值是什么，解决什么问题。研究之初，我们有必要了解同一类的研究问题，可以通过文献资料查阅等方式进行学习思考，了解此类研究的现状，善于分辨和合理吸收，确认自己的创意，从而确定自己研究的特色或突破点。这样，既可以更加突出小专题研究的价值、意义，也可以使自己开阔眼界，受到启发，拓展思路。

（画外音：从制订研究方案的目的、意义和背景分析中，可以看出一份完整的研究方案应该回答的第二个问题是：为什么研究？即研究的意义和价值是什么，要解决的问题是什么。教师教育科研的价值主要是从问题着眼，以学生发展、教师发展、学校发展为目的。因此，其研究意义的陈述可以从现实问题与发展需要的矛盾分析着手，突出解决现实问题的必要性、紧迫性，从而呈现出研究的现实意义。这部分常常以"问题的提出"或"引言"的形式来表述。应该做到开门见山，概念准确，文字简洁。）

（三）确定研究范围、目标和内容

王燕：阐述了研究的目的、意义和背景，我想接着应根据实际情况限定小专题研究范围。我们的小专题"小学低段学生数学学习兴趣培养策略的研究"，研究的对象就是小学低段学生。我们通过查阅资料并加上自己的理解，对相关的概念进行了界定，"学习兴趣"指学生有选择地、愉快地、力求接近或探究某些事物而进行学习的心理倾向，这种倾向是和一定的情感联系的；"数学学习兴趣培养策略"指培养学生数学学习兴趣的方法。本课题是指在数学课堂教学及在日常生活体验中培养学生数学学习兴趣所采取的方法、措施。

曾雯：确定研究范围、目标和内容，这是制订小专题研究方案的第三步。大家介绍了这么多，我也想说几句。我们的小专题是"加强小学高段学生语言运用能力的培养"研究，我们经过思考，确定的研究目标是：

●探索培养高段学生语言运用能力的途径、方法和形式，在学习中强化学生学语文、用语文的意识，培养学生的语言运用能力。

●开展丰富的语文实践活动，让学生体验语文学习的快乐，激发学生学语文的主动性，促进学生语文综合素养的提高。

●促进教师语文课程意识的增强和教育科研能力的提高。

王燕：有了研究的范围和目标，就要考虑具体的研究内容了。课题"小学低段学生数学学习兴趣培养策略的研究"，我们考虑了三方面的研究内容：其一，结合课前备课，认真分析学生的特点，精心设计教学预案，寻找培养学生数学学习兴趣的策略；其二，结合课堂教学，观察学生的学习状态，发现培养学生数学学习兴趣的有效策略；其三，结合课后学习，通过多途径的尝试，提炼出培养学生数学学习兴趣的策略。

个案点评

确定研究范围、目标和内容，其实是在继续回答第一个问题：研究什么？除了确定鲜明的标题，我们要明确研究的目标及研究待答的问题；要对关键名词和重要的研究变量进行界定或解释；要说明研究的重点和难点问题。一线教师研究的目标不宜过高，研究内容不宜太大，不求面面俱到和系统性，教师可以根据自己的兴趣和需要自行选取研究内容，我们提倡"小问题，深研究"。

任何小专题研究，都应该有一定的研究范围。否则，研究就无法进行。王燕老师从学生数学学习兴趣培养入手，确立了小专题"小学低段学生数学学习兴趣培养策略的研究"，并对研究对象和关键概念进行界定。这一方面可以使该研究在确定的范围内开展，使课题思路明确清晰，使研究成为一个有确切含义的问题，具有科学性；另一方面也便于别人按照研究者规定的范围来理解研究结果和评价该研究的合理性。研究范围限定以后，王老师又从课前备课、课堂教学、课后学习等不同环节，考虑具体的研究内容，寻找策略、发现策略、提炼策略，明确了为达到研究目标所要研究解决的有关问题。一项小专题研究，如果提不出具体的研究内容，就无从研究。研究内容的多少与课题的大小有直接关系。研究内容必须准确体现研究课题。有了具体的研究内容，就可以依据研究内容设计更为具体的研究方案。

（四）选择研究方法

王燕：何苗老师，刚才大家的发言，我想你知道了小专题研究方案的制订要回答研究什么和为什么研究这两个问题。下面我想回答小专题研究"怎样做"这个问题，我认为其中的关键就在于合理选择研究方法。"小学低段学生数学学习兴趣培养策略"研究就采用了以下研究方法：文献法、观察法、调查法、个案研究法、行动研究等，并通过经验总结法，透过现象看本质，找出研究中的规律，从而更好地、更加理性地寻找到培养小学低段学生数学学习兴趣的有效策略，改进教学。

（画外音：选择研究方法，这是制订小专题研究方案的第四步。研究方法，主要反映一项课题的研究要"做些什么"和"怎样做"。王老师用她们选择的小专题研究方法，回答了她们的小专题研究准备"怎样做"这个问题。教师进行小专题研究的方法很多，各种方法本身没有优劣之分，但小专题研究一定要选择与专题相适应的研究方法。方法选择恰当，有助于顺利有效地完成研究任务，反之事倍功半。为了得出科学的研究结果，提倡使用综合的方法，或几种方法并用，或以一种方法为主，其他方法为辅。在制订小专题研究方案中，教师应把方法的选择作为一项重要的内容。）

（五）确定研究措施

杨晓薇：我们在小专题"高一英语新课导入的研究"研究之初设计了研究程序。

1. 确定研究程序

●第一阶段（2006年11月至12月）

研发资源，提炼和整合教材中及教材外适当延伸的导入素材，研究导入的教学方法。

●第二阶段（2006年12月至2007年9月）

实践探索，在课堂教学中尝试新课导入方法的艺术性和科学性。

●第三阶段（2007年10月至11月）

总结提炼，学生初步形成对英语学科的"乐学"心理，初步具备学习英语的能力。通过整理、分类、归纳和汇总小专题研究的原始材料，精选资料装订成册，呈现研究成果。

2. 确定研究的组织管理

王燕：制订小专题研究方案，最后要明确研究的组织管理，包括课题组的组成及其分工，学习、研究和管理制度等。我们研究"小学低段学生数学学习兴趣培养策略"，主要由我校的汪玲老师和我一起进行研究。方案中写清楚小专题研究组成员及分工情况，可以增强小专题研究组成员的责任感，有利于方案的落实和小专题研究的顺利进行。

3. 预设成果形式

王燕：我们研究"小学低段学生数学学习兴趣培养策略"就设计了以下一些成果表现形式：研究报告、论文、案例、课例、学生作业、学生感言、家长感言等等。千万不要忽略了这个预设，它帮助我们从一开始就着手向这方面努力，有利于研究成果的达成。

（画外音：一份完整的研究方案应该回答的第三个问题是：如何研究？一要说明研究的方法和实施程序，包括研究对象、研究方法、研究步骤及进度安排、研究测试手段等；二要说明研究的组织保障，包括研究人员的组织、研究活动的设计、研究经费的预算、研究条件的创设等。）

个案点评

确定研究措施，这是制订小专题研究方案的第五步。这里的研究措施主要是指为推进研究工作而确定的一些基础性的工作流程和方式，包括研究程序、研究的组织管理及成果形式等。

研究程序，就是研究实施的步骤、时间规划。杨老师制订的"高一英语新课导入的研究"小专题研究方案，明确了研究的每一步骤、每一阶段的工作任务和要求，每个阶段需要的工作时间，将研究程序划分为研发资源、实践探索及总结提炼三个阶段推进，程序非常清晰。小专题研究一般可划分为准备、实施、总结三个阶段逐步推进。

研究成果的形式，即最后的研究结论、研究成果用什么形式来表现。预设成果形式是对研究终结时各种成果表现形式的预设，它可以明确将来用什么表现研究成果，帮助我们从一开始就目标明确地积累材料，构思框架，进行分工，以利于研究成果的顺利体现。教师小专题研究的成果形式主要有研究报告、教师论文、教育案例、教育随笔、音像制品等。

王霞：刚才大家举例介绍了怎样制订小专题研究方案，下面是我们研究小组制订的一份小专题研究方案，相信会给大家一些启示。

案例 1：

小专题名称			用好课前预习卡，提高预习有效性		
研究周期			2006 年 9 月至 2007 年 9 月		
研究人员	姓名	年龄	学科	职称	备注（请注明负责人）
	李芳	35	语文	小高	
	刘玲	30	语文	小高	
	王霞	37	语文	中高	负责人
研究动因	1. 教师"教"的方面 （1）通常只布置，不过问，不检查，预习的指导低效； （2）有时布置得比较具体，但往往把教材作为唯一的课程资源，无法真正让学生体验到预习的乐趣； （3）教师习惯上要求学生在课前针对一篇课文进行预习，而忽略了对主题单元的整体性预习，这样预习的效果很单一，影响了预习的广度和深度； （4）教师课前对学情的把握、对学生学习能力的研究不够，导致在教学实践中比较以自我为中心，而不太能从学生的实际问题和困惑入手，教学的针对性、有效性也就体现得不太充分。 2. 学生"学"的方面 （1）学生在预习中比较处于被动状态，对老师布置的预习要求不知所措，预习不得法，没有兴趣，导致预习事倍功半，预习效果差； （2）在中段学生已有的预习经历中，他们形成了只动口、不动手的习惯，认为不必预习也照样上课，或是只进行浏览性预习也可以上课学习，很少边预习边思考，带着问题听课，更难拥有预习中有问题及时主动请教他人的好习惯。 3. 家长反馈 （1）学生之间存在学习能力的差异； （2）学生对预习方法的掌握需指导； （3）学生预习时间没有得到保证； （4）学生预习中有畏难情绪。				
研究目标	1. 探索"预习卡"的设计形式和使用方法，培养学生的预习习惯，锻炼学生的预习能力，提高学生预习的有效性，促进学生自主学习能力的发展。 2. 教师能根据学生预习卡的完成情况，调整教学设计，体现"以学定教"的教学思想，实现有效的教学。				

研究内容	1. 继续落实预习的常规要求，增强预习的目的性，克服随意性。 2. 对设计"常规预习卡""便条式预习卡""自主式预习卡"的研究。 3. 指导学生认真完成各类预习卡，进行预习卡使用方法的策略研究。 4. 加强"预习卡"的检查、评估，引入激励机制，培养学生自主、合作、探究的学习方式。 5. 对教师教学行为改变的研究。	
研究方法	**基本方法** • 案例分析法 • 调查研究法 • 课堂教学观察法 • 行动研究法	**指导思想** • 理论研究与实践研究有机结合与互动 • 质的研究和量的研究相结合 • 集体研究与个体思考相结合
研究思路	1. 设计调查问卷，了解学生已有的预习习惯和方法。 2. 根据问卷分析，对前期预习卡进行归因、反思，制作"常规预习卡""便条式预习卡""自主式预习卡"。 3. 探究用好课前预习卡，提高预习的有效性。 (1) 围绕年段特点、教材特点、学生差异，落实常规要求，增加预习卡的趣味性、选择性。 (2) 建立"预习卡"的检查制度，认真做好使用记录。 (3) 引入激励、评价机制，提高学生学习的积极性。 (4) 整理"预习卡"使用过程中出现的问题，及时纠正不良倾向。 (5) 针对学生的问题具体指导教学，提高预习有效性。 4. 不断丰富、梳理、总结、提炼，形成一本有较高质量的小专题研究集子。 5. 认真准备结题，并接受专家的审评。	
预期成效	1. 教师充分发挥了预习卡的辅助作用，通过对它的检查和研究，掌握学生预习学习中的问题，指导学生在教学中解决问题，从而有效提高课堂的学习效率，教师的科研能力得到不断提升。 2. 学生预习由被动变为主动，预习的方法明确了，学习的兴趣增强了，预习更加落实，更加有效。 3. 灵活多样、实效有用的"预习卡"使学生在课堂上成为真正的学习主体，使预习成为培养和提高学生自学能力的有效方法，并最终促进学生的自主发展。 4. 整理研究过程中的资料，根据实践总结、反思，形成一些物化的研究成果。	**成果形式** 课堂实录 反思案例 专题总结 论文 研究报告 其他：立项申请表、实施计划表、调查问卷集、常规预习卡（册）、便签式预习卡、自主式预习卡、与小专题研究有关的教学设计、阶段性研究总结等。

研究进程	准备阶段（2006年9月至2006年10月） 任务及要求： • 成立小专题研究组，确立组长。 • 对全年级学生预习进行现状调查，分析研究，写出调查报告。 • 制订、讨论研究方案，提交该小专题的立项申请表。 实施阶段（2006年11月至2007年6月） 任务及要求： • 研究预习的有效策略，教给学生预习的"五步法"。 • 根据本学段的目标要求，设计课前"常规性预习卡"。 • 借助"课前预习卡"指导预习，及时进行反馈与评价。 • 建立"预习卡"的检查制度，做好记录。 • 梳理小专题研究第一阶段的情况，主动向专家请教，讨论下一阶段研究的任务及重点。 • 根据专家的点评和建议，增补灵活多样的"便条式预习卡"和"自主式预习卡"。 • 教师立足课堂，充分研究"预习卡"对教师教学行为改变的促进作用。 • 组织听、评组内研究课，加强学习讨论。 • 注意在研究中收集案例，写好随笔、反思、论文，做好过程性资料的记载。 总结阶段（2007年7月至2007年9月） 任务及要求： • 提交小专题结题的申请表。 • 整理小专题资料册，检查《小专题管理手册》记录情况。 • 准备提交研究的物化成果（若干）。 • 认真准备结题报告，并接受专家评审。

个案点评

王霞及研究小组的老师为解决语文教学中的现实问题，确定了小专题"用好课前预习卡，提高预习有效性"进行研究，她们以表格的形式制订了小专题研究方案。方案内容包括了小专题的名称、研究周期、研究人员、研究动因、研究目标、研究内容、研究方法、研究思路、预期成效、成果形式、研究进程等等。这份小专题研究方案的研究问题明确、研究思路清晰、研究内容具体、阶段任务清楚，是一份较完整的小专题研究方案，有利于老师在研究中直指目标，合理安排研究资源，逐步推进，最后实现研究的总体目标。我们不难看出，其实教师们仍然按照确定名称、阐述目的与意义、确定研究目标和内容、选择研究方法、确定研究措施等五个步骤来制订方案的，只是把内容和顺序稍作调整而已。教师的小专题研究方案并无标准格式，但无论以什么样的形式出现，"研究什么？""为什么研究？""怎样研究？"及"研究的预期成果是什么？"这些问题都是不能回避的。

何苗：哦，我现在知道了制订小专题方案的步骤和方法。回去以后，我就马上试着制订我们的小专题研究方案。但现在，我又有一个问题想咨询各位老师。研究方案一经制订，在研究过程中，我们就必须一成不变、照章办事吗？我希望能分享你们的智慧。

二、研究方案的动态生成

欧赞姿：在研究过程中，由于教育的现实环境和发展的不可预测性、教育教学实际情境的变化、教师个人关注点的转移、学校管理行为的转变、新问题的出现等，都会成为研究方案重新制订的重要动因。可以说，我们这些中小学教师的教育研究方案是以在过程中生成、在动态中拟订、在研究中更新作为主要特点的。之所以具备这些特点，就在于我们不是专业研究者，是在行动过程中进行研究，而行动研究中某一因素的变化有时就会导致研究步骤、方法等的变化；就在于我们的研究总是指向一定实际问题的解决的，问题的场景不同了，先前没有预料到的新问题出现了，预定的方案也就需要相应调整。所以，教师的研究方案具有生成性，因此我们学校允许并鼓励教师在研究过程中补充、修改研究方案。

中小学教师小专题研究方案的动态变化，常见的有以下几种形式：

（一）在动态中生成的小专题方案

案例 2：

随着孩子的成长，和家长交流的时间越来越多，在交谈中，家长反映：孩子挂在嘴边的话语是老师说要怎样、老师没布置这些作业……和孩子说起话来很费劲，孩子听得不耐烦，话也不怎么愿意同家长说。也有家长提到不知道在什么时间，怎样和自己的孩子从共同的话题开始交流。家长的话，我刚开始并没有引起重视，后来，越来越多的家长提到了这方面的问题。我想，其实这就是孩子和家长的沟通不良所引起的。既然如此，我要想办法搭建有效的交流平台来促进他们之间的交流。对于怎样去做，通过什么样的形式，我却没有明确的思路和操作方法。

时值阳春三月，正是放风筝的好季节。"欧老师，带我们去放风筝吧！"孩子们胖乎乎的小手拉着我的衣角，两眼露出渴望的眼神。我不忍拒绝孩子们渴望的神情，找了一个合适的下午，让孩子们尽情地放飞五颜六色的风筝。其间，有一个小女孩的风筝被同伴不小心放飞了，女孩伤心地哭了，当时旁边有小朋友出主意：让她赔！女孩没有说话。我静静地站在旁边，没有上前，待小朋友散开后，我轻轻地走过去，问道："你打算怎么办？"她沉默了一会儿说："我不让她赔，她不是故意的！"语气很坚决，回答出乎我的意料。"为什么？""因为她是我的同学，我们要团结。"答案谈不上好，甚至有些幼稚，但我觉得精彩极了。当我还在思考孩子的话语时，更令我没有想到的是，那个前一天连话都没敢说的孩子把这件事写进了第二天的写话练习中，题目是《友谊》，她用自己不熟悉的汉字加拼音完成了自己"文章"，短短的几句话，让我难忘。"某某某没有让我赔她的风筝，她说我不是有意的，因为我们有友谊。"既然活动能让孩子们互相交流，互相理解，那我们的家长和孩子共同参加活动不就应该有更好的效果吗？

围绕"共同参加"的活动主题，选择周末，我开展了第一次亲子活动——筝舞蓝天。我设计了几个活动环节：亲子风筝比赛、亲子游戏——你说我猜、亲子互动——我知道。在活动的过程中，孩子和家长的参与积极性都很高，特别是"你说我猜"的游戏环节，提高了孩子和家长的默契度、配合度；亲子互动"我知道"，通过孩子和家长各自写下对方生日、喜好和最喜欢的食物，让家长和孩子的答案形成对比，让孩子了解：家长时刻从各方面在关心自己的成长，但自己还不够了解自己的爸爸妈妈，要多多关心他们。在活动的最后，我建议所有孩子站成一排，站得直直的，在自己最熟悉的爸爸妈妈面前深深地鞠上一躬，道一声感谢！那一刻，我看到了孩子眼中的真诚和可爱，我看到了父母眼中的感动和掩藏不住的惊喜；那一刻，无须言语，沟通和交流更进一步。那一刻，我看到了"亲子活动"在亲子交流中的有效性。后来，家长的反馈和孩子想再参加活动的要求都证实了我的感受。

有了成功的尝试，我又根据学生的实际情况和小专题"周末亲子俱乐部"的阶段性要求，紧紧围绕课题的中心制订了一系列详细的活动方案：携手踏青，共享春意；美文共读，家长感言；同作一文，亲子写话等等。

（成都市三圣小学，欧赞姿）

个案点评

在欧教师在研究中，先只有问题意向，即为学生和家长搭建更好、更有效的交流平台，并没有具体的研究方案。随着研究的推进，欧老师从活动中得到启发，在思考和总结中不断充实和完善研究课题，在动态中逐渐生成了研究方案。

（二）在动态中转化的小专题方案

案例 3：

2006 年秋，当初涉讲台的我还在为如何上好课而苦恼时，居然又成了学校承担的区级课题"以国学为载体，小学生文明礼仪习惯培育的研究"中子课题的主研老师！作为一个新教师，自己的课还担心没有时间来好好钻研，哪还有闲工夫来搞什么所谓的"科研"？带着极大的抵触情绪，我心不甘情不愿地开始了小专题的研究。

为了与主课题内容相呼应，我想当然地制订出了"小学生习国学明礼仪的研究"的课题研究方案，然而在实施过程中却四处碰壁。记得我第一次告诉孩子们，今后我们要学习国学讲文明礼仪的时候，全班三十八个孩子茫然地望着我并高高举起了他们的小手："老师，什么是国学？""小朋友们，国学就是……"话到嘴边我才猛然顿悟：是啊！什么是国学？什么是一年级孩子眼中的国学？难道我要告诉他们国学就是古圣先贤留给我们中华民族优秀的文化遗产，包括《论语》《春秋》《庄子》……没错，这些对于他们来说就是废话一堆！毫无意义！

吸取教训，静下心来，考虑到国学的深奥与枯燥、一年级孩子的懵懂与幼稚，《三字经》这本古代启蒙教育经典读物自然而然地跳进了我的脑海。经过一夜的苦战，第二个方案"低段学生诵《三字经》明礼仪的研究"新鲜出炉了，拿着《三字经》，我开始了"人之初、性本善"的"私塾老先生"式的古典教育。如此这般进行了三周，问题又出现了：尽管我每次都费尽唇舌地给孩子们解释每句话的意思，可五六岁的孩子哪里有兴趣记住这些？《三字经》对于他们而言，无非就是一些毫无意义的生字凑在一起塞给他们的苦药，更别提还要让他们从中悟出什么礼仪习惯来。

就在我又一次一筹莫展、无从下手，在一堆国学书中盲目地翻找时，《弟子规》映入了我的眼帘，于是我无比兴奋地拿起笔进行第二次方案修改——"以《弟子规》的诵读为载体的低段学生文明礼仪培育的研究",一气呵成之后才发现还有一个问题仍然没有得到解决:孩子的兴趣如何提起?回想与孩子们相处的点点滴滴,我恍然大悟——故事——孩子们感兴趣的还有故事!以故事作为国学礼仪研究的突破口。想通了这些,我的第四个修改方案"以国学故事为载体的低段学生文明礼仪的培育研究"终于制订完成了!孩子们学习的兴趣很浓,听《弟子规》中的国学礼仪故事时一个比一个起劲;礼仪知识也从听故事中学到了不少。

就这样摔倒了爬起来,再摔倒再爬起来,在跌跌撞撞中摸索,在摸索中前进,经过这许许多多的挫折与反复,我深深明白了教育科研其实与晦涩的术语无关、与高深的学术无关。它就像你平时的教学一样——平常、朴素但却扎实而有用!

(成都市顺江路小学,黄波)

个案点评

黄波老师的小专题研究是服从学校研究的需要,在学校研究的大框架下开展的。在研究和实践中,老师结合学情和研究的需要转化了研究问题,从"小学生习国学明礼仪的研究"到"低段学生诵《三字经》明礼仪的研究",再到"以《弟子规》的诵读为载体低段学生文明礼仪培育的研究",直到现在的"以国学故事为载体的低段学生文明礼仪的培育研究",教师不断进行思考,用新的问题取代原有的问题,并依据新的研究方案进行研究,这是在动态中转化研究方案,也是对原有方案具有颠覆意义的一种形式。

(三)在动态中分化的小专题方案

案例4:

2007年9月,经过一学年的研究和实践,我校音乐组的小专题《小学音乐低段唱歌教学中突破歌曲难点的策略研究》顺利结题。因为切入点小,研究实实在在,极大地提高了课堂教学效率。因此我们可以自豪地说,一年来,我们在小专题中研究,在研究中成长,在成长中超越,在超越中感受快乐!回顾一年的小专题研究过程,我们经历了这样一个心路历程:

1. 初次接触小专题,懵懂之中无从下手

2006年9月,我校音乐组的老师在一块儿商量本学年研究的小专题内容时，感觉毫无头绪，要解决的课堂教学内容多，却又无从下手。冷静下来，我们认真分析：音乐教学的课型主要分为唱歌教学、欣赏教学、器乐教学三大类，而平时课堂的重中之重显然是唱歌教学。以前人们不是把音乐课叫做"唱歌课"吗？因此唱歌教学的重要性不言而喻，只有把唱歌教学的问题研究透了，解决好了，音乐课的有效性和实效性才能得到真正的提高，我们决定研究唱歌教学。即使有了研究唱歌教学这样的大方向，可我们还是感到唱歌教学的内容也很"浩瀚"，研究唱歌教学的哪一块呢？我们陷入了沉思……

2. 再次接触小专题，反复思考"切入点小"

正当我们在确立小专题研究方向上遇到了困难，止步不前时，学校请来了区教师进修校发展研究室的老师给我们做了专题讲座。老师反复强调小专题一定要"小"，只有切入点小，一年的研究才有实实在在的价值和意义。于是，我们重新坐在一块儿，就唱歌教学中大家遇到的最大的、迫在眉睫的、急需解决的问题展开了讨论。最后，大家一致认为如何突破唱歌教学中的重难点是当前急需解决的问题。于是我们决定把"口子"再收一收，仅仅针对一个年段开展研究，于是"小学音乐低段唱歌教学中突破歌曲重难点的策略研究"的小专题"诞生"了。

3. 反复思考小专题，"一棵大树分三枝"

确立了小专题之后，我们形成了初步的研究方案，并开始实施研究。这时，我们请来了教研员张老师给我们"把脉"。看了我们的课题之后，张老师肯定了我们的几个"小"：研究的方向小——歌唱教学；研究的对象小——小学低段；研究的目标小——突破歌曲重难点。除此之外，张老师建议我们的"切入点"可以更小：比如歌曲重点的突破和歌曲难点的突破又是两个不同的概念，再细化一点研究起来会更有价值。于是，经过共同研究，我们的课题名称修改为"小学音乐低段唱歌教学中突破歌曲难点的策略研究"。即使这样，我们还不满足，于是决定"一棵大树分三枝"。在共同制订的小专题之下，我们三位音乐老师又结合自身的教学特长确立了三个研究方向：我的重点是"在小学音乐低段唱歌教学中通过图形谱突破歌曲的难点研究"；周老师侧重研究"在小学音乐低段唱歌教学中通过肢体动作的参与突破歌曲的难点研究"；冯老师则是"在小学音乐低段唱歌教学中通过打击乐器突破歌曲的难点研究"。就这样，我们研究的方向更明确，重点更突出，虽然各自分工不同，但共同的研究目标却又把我们紧紧地联系在一起。

一年的小专题研究成果显著，我们通过图形谱、肢体动作的参与以及打击乐器的运用来解决唱歌教学中难点突破的手段和方法，形成了一些基本的并且具有个性的教学风格和教学手段，从一定程度上提高了音乐课堂的教学效率和学生学习音乐的兴趣。

〔成都市盐道街小学（东区），林珍〕

个案点评

教师从自身教学实践出发，围绕急需解决的问题确定小专题进行研究。从"小学音乐低段唱歌教学中突破歌曲重难点的策略研究"到"一棵大树分三枝"，从不同的途径进行"突破歌曲难点的策略研究"，在研究中解决教学实践问题，从而提高了音乐课堂教学的有效性。这是将先前对一个较为宏观的研究问题的构想，逐渐分化为几个不同的研究问题，再分别对这些问题进行研究。这是在动态中分化研究方案，分化的结果是研究的针对性增强了，研究走向了深入。

（四）在动态中细化的小专题方案

案例5：

两年前，我做了一个"亲情教育"的系列科研活动，得到了很多好评。面对很多老师的肯定，其实我觉得很惭愧，因为自己并没有做什么惊天动地的事情，只不过是把日常该做的事情做得更细致一些而已，或者说，多用了那么一点点心思去想。

回顾自己当初的研究，在这里与大家做一个简单的分享：

1. 关于课题产生的背景

应该说，这个研究课题所产生的背景来源于三个方面的思考：语文教材、教育教学现实、各种牵涉家庭的社会现象。

亲情是人世间永恒的一种情感，给我们带来关爱、呵护、温馨与幸福，然而年幼的孩子们，往往很难感受到亲人对自己的爱。在平常的生活中，由于大多数孩子被家长们爱得太"精细"，他们把这一切都看成是理所当然的事情，自己成为家里的唯一"中心"。因此，目前在我们的各种媒体上，弑亲虐亲、忤逆不孝、离家出走的新闻屡见不鲜。

作为教育工作者，在解决孩子们的这些思想问题的时候，我很难过地发现：绝大多数的孩子言行出现了很大的差异。由于父母的疼爱，他们已经"生在福中不知福"了。

恰好，我们进入三年级的第一个教学单元就是"亲情"，要求通过教学让学生能够懂得亲情的伟大，能够感受到亲人给予自己的关爱，寄予的期望。我认为这一个单元的教学内容正是一个很好的研究载体，值得我们很好地加以延伸应用。

2. 关于课题的初步构想

基于以上认识，我决定抓住这个契机，以"亲情"单元为研究活动载体，以感悟亲情、回报亲人为主线，开展一个"亲情教育"系列研究活动。通过研究，让学生能够学会从小事中感受亲人给予的关心和爱，并能够用实际行动来表达自己的感谢和爱，使浓浓的亲情在亲人间流淌。

经过思考并结合生活实际，我把这个研究活动的主题确定为"亲情陪伴我成长"，同时确定借助语文综合实践活动的平台来开展活动。但活动开始后，我发现亲情涵盖的范围是很广的，三年级学生年龄较小，不一定都能体会。但每个人都生活在自己的三口之家里，父母的爱是天天都要享受的，父母是给予孩子关心照顾最多、最无私的人。因此，我设想还是先从体会"母爱"入手，通过"感悟——感恩——感谢"三个层面逐层推进，最后落实到以行动回报母爱。

从研究活动的开展时间来看，这一学期中将经历三月八日妇女节，五月母亲节。我确定了小专题"走近母亲感悟母爱"。

3. 关于课题方案的细化

任何事情都不可能一蹴而就，做研究也是一样，范围太大，则无法下手。哪怕我只选了亲情中的"母爱"为题，它的内涵也极其丰富。要让学生实现从感悟到感恩，再到行为上的回报，这需要一个细致的过程。我把这个过程分成了四个阶段来进行研究，并初步制定了阶段目标：

第一阶段：体会亲情，走近母亲

研究目标：认真学习课文"亲情"单元，结合自己的生活实际，认识"亲情"在我们成长过程中的作用，调查了解母亲的日常生活。

第二阶段：感悟母爱，感激母亲

研究目标：补充课外阅读《感悟母爱》一书，学习从点滴的小事中感悟母爱，能够发自内心地感谢母亲给予自己的爱，学习用手和心来表达自己对母亲的感激之情。

第三阶段：表达感谢，回馈母亲

研究目标：全班共同编辑文集《五月的康乃馨》，在母亲节当天将文集赠送给自己的妈妈，亲口表达自己的感激之情。学习做自己力所能及的生活琐事，以行动关心母亲。

第四阶段：走访母亲，亲情互动

研究目标：收集各位母亲反馈意见，并将家长感受反馈给学生，根据家长投票选举的结果进行评比并颁奖，让他们享受为亲人付出带来的幸福感和成功的喜悦。

根据每一阶段的操作情况，及时进行总结反思，然后以此为下一阶段的起点，修订阶段目标，循环往复，直到达成最后的既定目标。

这个研究周期很短，见效也很快，并且在教育学生的同时，使这一研究活动的主动、被动参与者真正自觉地互动起来，形成相互教育、共同成长的局面，取得了意想不到的效果。

（成都市菱窠路小学，邓莹）

个案点评

邓莹老师的小专题"亲情陪伴我成长"的研究，研究之初的方案只是一个关于"亲情"大致的构想。在研究中，教师采用了菜单式选题的方式，在亲情中选择"母爱"进行研究，确定了小专题"走近母亲感悟母爱"；然后抓住传统的节日（三月八日妇女节、五月母亲节）分四个阶段展开研究。在研究和实践中，原来的构想逐渐具体化，方案越来越具有可操作性，这是在动态中细化研究方案。方案在研究和实践过程中变得越来越具体、详尽。

（五）在动态中调整的小专题方案

案例 6：

长期以来，作文教学都面临着许多困难，最大的困难就是学生对写作不感兴趣。作为语文教师，我们就这一问题陷入了深深地自责之中：由于受"应试教育"的严重影响，我们在作文指导中形成了过于褊狭的角色意识，作文教学中普遍存在着急功近利的浮躁心态，存在着重知识传授，轻情意培养的短视倾向。这种教学完全忽视了对学生写作意愿、兴趣、情感、习惯、表达欲望等因素的关注，使得学生置身于题海，受制于分数，而无真正写作的热情。面对这样的作文教学现状，语文教师应该怎样做，才能使作文教学更富有情趣，使学生真正喜欢上作文，从而提高作文教学的成效呢？这就是研究小专题"作文情趣导写"的出发点。我们希望从实践的角度，探索一条简便、实用、适应新课程改革，并有利于学生心智成长、感情丰富、人格完善的作文教学新途径，给作文教学带来新的生机和活力。

（画外音：教师的小专题研究基于对自己教学实践——作文教学中问题的研究，研究的目的是为了改进教学实务，所以具有很强的操作性和实用价值。）

首先，我们认真学习了各种科研理论著作和经验文章，提高理论和研究水平，统一思想，确定研究方向——培养学生作文能力，提高学生的情意水平。把作文变为学生的乐事：培养观察事物的兴趣；激发求知欲，引导学生一吐为快；开展丰富多彩、富有情趣的课外写作活动；改革作文评分、批语，让学生体验到成功的欢愉。让作文成为学生学习生活的需要：努力引导学生走向自然、接近社会，把触角延伸到生活的广阔领域，感受生活中的真善美，从而主动诉诸文字。用自己的话表达内心的感受：鼓励学生自由倾吐，表达真情实感，怎么做、怎么想的，就怎么写。研究之初，我们尽量改变传统的作文教学观念，在作文教学中，淡化审题、立意、取材、结构安排等写作技巧教授，引导学生感悟生活；淡化"意义"，追求真诚与自然，让学生习惯说真话、说实话、说心里话，让他们的文章表达自己的思想感情，而不是别人强加给他们的。其次，在研究中，我们总结了大量情趣导写的方法，鼓励教师大胆尝试，如在布置学生写"成长"话题作文之前，刘厚佳老师先让他们围绕"成长中的快乐和烦恼"进行讨论，教室里洋溢着一种激情，学生们最后归纳出成长过程中的四种快乐与烦恼。通过讨论，学生相互间得到启发，拓展了思维，写作起来也变得游刃有余。作文情趣导写的方法还有很多，如讲故事、讲演、实物演示、多媒体、适时恰当的作文讲评也是持续其作文热情的好方法。我们在前期研究中还发现，教师不管使用哪种情趣导写方法，都不能解决学生词不达意的情况。语言运用差了，写起来自然没有了兴趣。于是，我们在作文教学的内容和方法上作了适当的调整——关注学生的生活热点，以此作为丰富作文教学内容的重要手段。如抓住课文延伸，引导学生多思考，捕捉写作点，注重仿写。这样的写作训练既加深了学生对教材的理解，又拓展了思维，综合培养了读写能力；重视课外扩展，鼓励学生主动热情地阅读，不断扩充自己的知识内容，以满足各方面素质发展的需要；巧拟文题，对中学生来说，引他们熟悉的歌词、广告词、诗词句或流行语言为题是最受欢迎的：如《回家》《学会让自己快乐》《让世界充满爱》等题目，都能让学生深入思考生活，激发写作兴趣。一学期安排两次自由作文，题目内容不限，一旦他们确定了自己要写的题目，往往会文思泉涌，写出来的也常常是他们感触最深，最想表达的，自然会打动人心。通过对研究方向的不断调整，我们的研究取得初步成效：大多数学生因此而喜欢作文，学生的习作水平上了一个台阶；教师们积极总结，推出了一套培养学生作文兴趣、提高学生情意水平、健全学生人格的具体做法，使自己的认识和研究水平不断深化和发展。改革作文教学，有效地提高学生的写作水平，是一项艰巨的工程，有许多方面需要认真研究，我们将坚持不懈地努力下去。

通过小专题研究，我们最大的感受就是课题研究一定要立足实际：从教学中来，回教学中去，才能做到"研以致用"。

（成都市锦江实验学校，黄群）

个案点评

黄老师以《作文情趣导写》进行小专题研究。在研究之初，确定研究方向——培养学生作文能力，提高学生的情意水平，研究并总结了大量情趣导写的方法；面对发现的新问题，教师在作文教学的内容和方法上作了适当的调整——关注学生的生活热点，以此丰富作文教学内容，经过研究，学生的习作水平不断提高，研究成果显著。在研究中，教师由于改变研究步骤、方法等，影响了方案的演进和执行，使研究方案更为完善、丰富，这是在动态中调整研究方案。另外，教师在小专题研究中的成功体验，促进了教师对教学和科研两者关系的思考，科研应从教学中来，并回到教学中去，才能做到"研以致用"。

在具体执行方案的过程中，其实没有哪一位教师的教育研究是由一个不变的研究方案来统帅的，经常会发现原定方案中的某些地方不符合当前的实际情况，这就需要对原定方案进行调整和修改，补充必要的内容，或删掉某些部分。教师的科研大多起于现实中的问题，终于对问题的解决。研究过程中的这种变化与调整是正常的，它保证了教师能在研究中真正地解决实际问题；促进了教师学习理论、转变观念、改善行为、增强实效；实现了方案计划性和研究灵活性的有机结合。另外，在变化方案时必须说明修改理由，并保留原件作为附件，这是科研的基本特点所要求的。

从老师们的交流和对案例的分析与解读中，我们发现：教师在制订小专题研究方案时，需要认真思考"研究什么？""为什么研究？""怎样研究？"及"研究的预期成果是什么？"这几个问题，再根据前面介绍的五个步骤，就能制订出一份完整的小专题研究方案。作为刚涉足研究的教师在作方案时不一定非常规范，面面俱到，但必须提出面临什么问题，怎样去解决问题，怎样确定研究的途径、方法，以及要达到的效果等。

由于教师的小专题研究方案具有科学性、生成性、操作性和实效性的特征，我们允许并鼓励教师在研究过程中细化、分化、转化、调整研究方案，使之具有针对性，因此，只要教师能多学习、多借鉴他人的优秀研究方案，就一定能够开启自己的方案设计思路；只要能多琢磨，多动笔，就能渐渐入门，撰写出具个性和可操作性的小专题研究方案。又由于教师教育科研的本质特征是"行动即研究"，所以，教师的小专题研究方案制订好后，就应当把所思所想投放到实践中，去尝试改变现状，尝试寻找解决问题的最佳方法。

温馨提示

通过以上文字的阅读和思考，你至少可以知道：

1. 教师小专题研究方案的内涵；

2. 制订教师小专题研究方案的重要性；

3. 制订教师小专题研究方案的五大步骤：确定名称，阐述目的与意义，确定研究的范围、目标和内容，选择研究方法，确定研究的工作流程与方式；

4. 中小学教师的小专题研究方案是在动态中变化生成的，它包括了研究方案的初步拟订——在动态中生成方案——在动态中转化方案——在动态中分化方案——在动态中细化方案——在动态中调整方案等多个步骤。

参考文献

1. 郑金洲著：《教师如何做研究》，华东师范大学出版社 2005 年 10 月版。

2. 何良仆、谌业锋等编著：《学校科研指南——教师如何参与教育科研》，电子科技大学出版社 2002 年 6 月版。

3. 刘旭、顾颉、胡燕主编：《一线教师教育科研指南》，四川教育出版社 2006 年 7 月版。

本章作者：

韩冬梅，锦江区教师进修学校发展研究室教研员，中学高级教师，区学科带头人，成都市教育实验专业委员会会员，中国教育学会会员。主持或参与各级教育课题研究 8 项，其研究成果曾获市、区教学成果奖，在各级刊物发表论文 10 余篇，其中有多篇获省、市级奖励。

第四章　小专题研究的主要方法

　　中小学教师开展教育科学研究的具体方法有很多，例如调查法、经验总结法、案例研究法、叙事研究法、教学反思、写教育日志等等。在这一章里，我们将主要通过一线教师的研究个案，向你介绍教师小专题研究的三种主要方法：问卷调查法、访谈调查法和教育观察法。至于其他的方法，我们将在接下来的第五章和第六章里，通过教师小专题研究的"实践反思"和"成果表达"方式，向你进行详细的介绍。

一、问卷调查法

　　今天是我区新苗二期（工作 1～3 年的新教师）培训班的小专题研究主题活动，这是继开展小专题研究讲座、学员们分学科组制订小专题研究方案后的又一次培训。因此，我们专门请到了对小专题研究富有经验的四位教科室主任及科研骨干教师，就小专题研究中的问卷调查法该如何认识和运用，为学员们作专题介绍并现场答疑、互动研讨。

交流平台

　　（班主任吴老师）主持：各位老师，我们这次培训的主题是"小专题研究方法"，目的是通过专题介绍、研讨交流等活动形式，促进我们对小专题基本研究方法的掌握，提高行动研究能力，以促进我们更好地开展小专题研究，并在行动中通过观察不断调整研究思路，保证研究的顺利进行。今天，我们有幸请到了四位老师为我们介绍"问卷调查法"。他们是来自成都市三中的彭学红老师、成都师范附属小学的叶筠老师、和平街小

学的周雪老师、大田坎小学的郑健老师。让我们以热烈的掌声欢迎各位老师的到来！（学员们鼓掌欢迎）

首先，我们请成都市三中的彭学红老师介绍一下她的研究经验。大家欢迎！

彭老师：谢谢大家，我们初中数学教研组的老师们共同承担了一个小专题"初中数学课堂有效提问研究"，在研究前期，我们特别重视对学生的问卷调查和分析工作，以便更好地了解学生的学习需求和困难，做好充分的研究准备。我们对七至九年级各班都进行了问卷调查，并分年级进行了调查分析。事实证明，调查的结果和分析使我们研究的目的性和针对性加强。主研教师们不管是在课前问题设计、课堂提问方面，还是针对学生回答的评价引导方面，都得到了极大的提高，充分体现了课堂提问的有效性，并直接促进了课堂效率的提高。让我们先来看看这份问卷设计，大家可以从问卷的格式、提问的内容、提问的方式、提问的语言等方面进行观察，看看有什么特点。

（画外音：问卷调查法是指调查者根据研究目的和研究内容，就调查项目编制相应的问题序列，按一定原则排列，编成书面试卷，请调查对象书面作答，然后对问卷进行回收整理并进行统计分析，从而得出研究结果的研究方法。它因其简便易行、省时省力、调查面广、信息量大、结果真实而被广泛采用，是一种重要的研究方法。）

●案例一：初中数学课堂有效提问研究

关注数学课的课堂提问

成都三中"初中数学课堂提问有效性研究"课题组

班级：＿＿＿＿＿＿＿＿＿＿＿

亲爱的同学，在上数学课的时候，你是否关注过老师的课堂提问？就让我们一起在下面的问卷里重温一下当时的情形吧。请你选出你最真实的感受哦！

题号	1	2	3	4	5	6	7	8	9	10
选项										
题号	11	12	13	14	15	16	17	18	19	20
选项										

1. 数学课上，老师爱提问吗？（　　）

　　A. 爱提问　　　　　B. 很少提问　　　　　C. 没注意

2. 你注意到老师一般情况下一节课大概要提多少个问题？（　　）

　　A. 0～10个　　　　　　　　　B. 10～20个

　　C. 20～30个　　　　　　　　　D. 30～40个或更多

3. 你们班数学老师比较喜欢全班一起回答整齐划一还是大家各抒己见？（　　）

　　A. 喜欢大家一起回答　　　　　B. 喜欢各抒己见

　　C. 看情况　　　　　　　　　　D. 我没注意

4. 你觉得老师提问后留时间给大家思考了吗？（　　）

　　A. 问完就自己答　　　　　　　B. 看问题的难易决定时间

　　C. 老是等，耽误时间　　　　　D. 我没注意

5. 认真听老师提问时，你是否能听懂老师在问什么？（　　）

　　A. 能听清听懂　　　　　　　　B. 有时听不明白

　　C. 简直听不明白　　　　　　　D. 我根本没听

6. 你觉得老师爱请哪类同学回答问题呢？（　　）

　　A. 数学成绩好的　　　　　　　B. 数学成绩不好的

　　C. 纪律有问题的　　　　　　　D. 不知道

7. 老师请你回答问题一般在什么状况下？（　　）

　　A. 走神或违反纪律时

　　B. 举手或与老师眼神交流示意时

　　C. A、B情况都有

　　D. 无明显规律或其他

8. 对抢答者或坐答者老师的态度是怎样的？（　　）

　　A. 责怪多事，重申纪律　　　　B. 耳听八方，鼓励支持

C. 不予理睬，淡然处之　　　　D. 其他

9. 同学回答问题时，你注意到老师在做什么？（　　　）

　　A. 心不在焉或做其他的事　　　B. 注意倾听回答

　　C. 一直瞪着抢答或违反纪律的人　D. 没注意

10. 你回答问题不完善或错误的时候，老师会如何表现？（　　　）

　　A. 宽容、理解、鼓励　　　　　B. 特别提醒注意听讲

　　C. 不评价，自己说出答案　　　D. 严厉批评

11. 你回答问题准确出彩时，老师如何表现？（　　　）

　　A. 欣喜、表扬、鼓励　　　　　B. 自己说出更精彩的答案

　　C. 肯定答案但不评价　　　　　D. 其他

12. 你觉得老师提的大多数问题对你来说难度如何？（　　　）

　　A. 基本适合我　　　　　　　　B. 偏难

　　C. 偏易　　　　　　　　　　　D. 根本无法回答

13. 老师爱提什么样的问题呢？（　　　）

　　A. 公式定义定理的回忆　　　　B. 公式定义定理的应用

　　C. 解决问题的思路　　　　　　D. 对方法的对比评价取舍

14. 你班数学课上一些不大容易回答的问题最突出的特点是什么呢？

　　（　　　）

　　A. 公式定义定理的回忆　　　　B. 问题太陡没有铺垫

　　C. 问题太多，不知道从哪个说起　D. 其他

15. 你一般对数学课上的什么问题比较感兴趣？（　　　）

　　A. 与生活实际相关的问题　　　B. 代数计算问题

　　C. 几何推理思路　　　　　　　D. 其他

16. 同学答案与老师标准答案不符合而引起课堂争论时，老师一般的表现是什么？（　　　）

　　A. 强调要听老师的标准答案　　B. 很尴尬或很生气

　　C. 一起探讨寻求最佳解答　　　D. 其他

17. 老师提出的问题具有以下哪些令人印象深刻的特点呢？（　　　）

　　A. 答案标准唯一性强，体现知识的科学性

　　B. 答案往往很开放，有时甚至争论激烈

　　C. 每个同学在一节课中都会成功回答几个问题

D. 问题的设置环环相扣，富于启发性

E. 其他

18. 问题提出后全班冷场时，老师会怎样？（　　）

A. 再三提醒大家思考、举手　　　B. 再次解释重复问题

C. 自己回答　　　　　　　　　　D. 问下一个问题

19. 课堂上有同学向老师或大家提出问题或不同意见时，老师如何处理呢？（　　）

A. 建议他以大局为重，课后再提

B. 在课堂上绝不允许有这样的"插曲"

C. 鼓励大家提问，并适当讨论

D. 没听见，继续讲课

20. 做完本问卷你对数学课上的提问还有什么意见和建议呢？请写下来吧。

个案点评

彭老师针对自己的课堂教学提问，进行了全面的回顾和深刻的反思，因此确定了小专题"初中数学课堂有效提问研究"。为了更好地了解学生对老师课堂提问的看法和想法，彭老师对学生情况进行了充分估计，并拟定了较为全面准确的问题和供选答案，有利于信息收集的准确性。问卷对课堂提问中存在的主要问题进行了完整呈现，体现出老师丰富的教学经验和较强的归纳能力。我们也可以感受到彭老师平时对学生的高度关注，对课堂提问效率的充分重视。这份质量较高的问卷有利于老师进行分析归因，确定课堂提问的有效策略，并在行动、观察中不断改进，从而提高课堂教学的有效性。

刘宏：我觉得这份问卷设计得非常好。因为我感觉彭老师在问卷中的语言特别亲切、诚恳，就像学生们的一位朋友，真心想了解他们的需求，得到他们的建议，这样一定能得到每位学生的支持和配合，认真填写这份问卷，容易采集到最客观真实的信息。而且，填写问卷的包括七至九年级的学生，调查面广，信息量大，作为研究的第一手资料，肯定会对老师的下一步研究如何进行带来很大的启示。

彭老师：你说得不错。设计调查问卷，必须目的明确，才能收集到自己需要的信息。因此，语言表述要准确、具体、简洁、通俗易懂。问题要简短一点，简单明了一点，不能太长太复杂，否则会影响学生对题意的理解，而导致错误的回答。除了这点，你们还看出点什么没有？

李芳：彭老师，我是教语文的，所以我特别观察到这份问卷的格式，它包括以下几部分：一是问卷的题目，表明调查的主题；二是问卷前面的答题说明，告诉学生问卷的目的和答题的方式；三是填写答案的表格，这个设计大概是为了便于统计；四是问卷的主体部分，针对研究主题设计所需要了解的问题，这部分分为两种题型：一种是选择题，一种是问答题。

彭老师：不愧是语文老师，不但一眼就看出了问卷的基本格式，而且分析了问卷设计的意图。一般说来，调查问卷的格式包括四个部分：（1）调查标题：出现在问卷的最开始，调查研究的真正目的可以在调查标题中说明。（2）指导语：可以说明调查目的和潜在价值，调查对象作答的重要性，以引起调查对象的兴趣；还要对填写答案的要求给予说明。它应放在突出、易见之处，经常用不同的字体或方框标出，以示与问题的区别。（3）问卷的正文（主体）：即调查者设计的所有问题及可供选择的答案。这是问卷的中心部分，也是调查对象所要填写的主要部分，是获得所需材料的关键部分。（4）有的问卷最后部分还有结语。一般是对被调查者的合作再次表示感谢；有的还提出1～2个关于本次调查形式与内容感受等方面的问题。如：（1）您填完问卷后对这次调查有何感想？（　　）很有意义（　　）有些意义（　　）没有意义（　　）说不上（2）您还有需要补充的吗？如有，请写在下面。

李文文：彭老师，刚才李芳老师说到了问卷中的问题包括选择题和问答题，我还注意到选择题中的答案好像有一点区别，比如说很多题都是四选一，但有的题如第8题、第11题、第14～17题，都有一个"其他"的答案，我想知道这是为什么？

彭老师：你观察得真仔细。说到这个问题，我必须给大家先讲讲问卷的提问方式。根据调查对象回答问卷的模式类型，我们可以把问卷的回答方式分为三种：

1. 封闭式：指制定问题的同时，提供与该问题相应的若干答案（一般为4个，有的是2个、3个），并限定回答的方向和数量，由调查对象选择他认为合适的答案。封闭式问题常见的有以下几种：

（1）选择式：提供问题的答案若干项，调查对象根据自己的情况进行选择。有的问题限制只能选择一项，可称为多项单选式；有的问题不作限制，可以同时选答案中的几项，可称为多项限选式。

（2）是否式：即答案只有肯定和否定两种，如"是"或"否"，"喜欢"或"不喜欢""愿意"或"不愿意"，回答者根据情况选择其一。

（3）排序式：提供问题的答案若干项，但不作选择，而是要求调查对象按照某种标准，重新排列所有答案的顺序，可称为全面排序式；有时还要求先选择部分答案再排序，即限定了排序的数量，可称为部分排序式。

2. 开放式：指只制定问题，不提供任何答案，由被调查者自拟答案。当问题不能归结为几个答案时采用。调查对象可以自由回答，畅所欲言，便于了解调查对象的各种心理活动和真实想法，收集到的信息资料多。

3. 半开放半封闭式：这种回答方式往往是在封闭式问题的基础上，进行适当改进或说明，给调查对象一定的回答自由。比如刚才谈到的，问卷的选择题中的"其他"这一选项，就是这类问题的一种形式。

李文文：听了您的介绍，再对比看看您设计的调查问卷，我对问卷的回答方式有了一个非常清晰全面的了解。谢谢您，彭老师！

刘永：那么，我们应该在什么情况下采用封闭式问题，又在什么情况下采用开放式问题和半开放半封闭式问题呢？

叶筠老师：说到这个问题，我也有很多亲身体会。我在做小专题"让学生喜欢演唱教材歌曲的研究"时，主要就采用了调查法，一直对学生和家长进行跟踪式的问卷调查，以便及时得到他们的反馈和建议，这促使我在行动研究中不断调整自己的思路，创新自己的研究措施，取得了很好的研究效果。大家先来看看我设计的第一份家长调查问卷。

●案例二：让学生喜欢演唱教材歌曲的研究

家长调查问卷

尊敬的家长：

我是四年级一班的音乐教师，希望通过调查问卷了解学生对音乐教材歌曲感兴趣的程度。此问卷调查仅用于教学研究，作为教师改进课堂教学的参考，希望得到各位家长的配合，请填写真实的情况。谢谢！

1. 您的孩子是否喜欢上音乐课？

   喜欢（　　）　　　　　一般（　　）　　　　　不喜欢（　　）

2. 孩子回家是否与您交流音乐课堂学习的情况？

   经常（　　）　　　　　有时（　　）　　　　　很少（　　）

   不交流（　　）

3. 你翻阅过孩子的音乐教材吗？

   仔细看过（　　）　　　阅读过（　　）　　　没有阅读（　　）

4. 您的孩子在家里最喜欢唱什么歌曲？

   教材歌曲（　　）　　　流行歌曲（　　）

   教材外的儿童歌曲（其他）　　不喜欢（　　）

5. 孩子在家唱教材歌曲（课本规定的歌曲）吗？

   经常（　　）　　　　　有时（　　）　　　　　很少（　　）

   不唱（　　）

6. 孩子在家唱歌的形式？

   和家长一同唱（　　）　　　　　　　　和邻居小朋友唱（　　）

   随影视、CD演唱会唱（　　）　　　　　自己唱（　　）

   购买VCD（　　）　　　　　　　　　　其他

7. 家长希望孩子现在唱什么歌？

   教材歌曲（　　）　　　　　　　　　　健康的流行歌曲（　　）

   教材外的儿童歌曲（　　）　　　　　　影视歌曲（　　）

8. 您愿意到校观摩学生上音乐课吗？

   愿意（　　）　　　　不愿意（　　）

9. 您希望增加什么形式让你的孩子在唱歌方面有特长？

   合唱培训（　　）　　　表演（　　）　　　上好音乐课（　　）

   其他

10. 音乐教师将"提高学生对教材歌曲演唱的兴趣"作为研究的课题，您愿意提供支持吗？

    愿意（　　）　　　暂时不考虑（　　）不愿意（　　）

11. 您对此有好的建议吗？

个案点评

叶老师在小学中段音乐教学实践中，关注到学生不喜欢演唱教材歌曲这一现象，并对此进行归因分析，确定了自己的小专题。在研究中，她把家长的支持和配合确定为研究取得成功的重要条件之一，因此，她设计了这份专门针对家长的调查问卷。这份问卷中的问题设计目标明确，信息量大，针对"教材歌曲"这一主题，老师通过问题设计主要调查了学生在家唱歌的内容及形式，以及学生和家长对教材歌曲的态度，并通过开放式问题诚恳征求家长的意见。问卷的供选答案较丰富，题目也不多，容易得到家长的理解和认真配合，了解到真实的信息。同时，通过调查还能够引起家长的高度重视和真心配合，保证小专题研究在家校合力下得以顺利进行。

交流平台

叶老师：我设计的问卷是针对家长的，和彭老师一样，对问卷的格式、语言都进行了比较规范的设计。而且，在问卷的回答方式上，问题答案的设计体现得比较多样。尤其是封闭式问题、半开放半封闭式问题，我提供的答案少则两三个，多则四五个，甚至更多。这是因为，有的问题我能够根据自己的教学经验提供足够的答案供家长选择；但有的问题，即使我列举很多答案，也不能穷尽，为了避免漏掉重要的信息，我就采用了半开放半封闭式问题，列出"其他"一项，供家长自由回答，我想彭老师的设计也一定是这样吧？

彭老师：对呀。我觉得采用封闭式问题，具有很多优点，比如：调查对象回答简便快捷，无需花费过多时间和精力，容易配合调查，问卷回收率高；资料整理和数据易于精确处理，方便进行定量和定性相结合的分析；适用于不同文化水平的调查对象。因此，采用封闭式问题为主的问卷调查，非常适合我们一线教师的小专题研究。

叶老师：相对而言，我们对开放式问题就采用得更少一些。因为它虽然可以让调查对象畅所欲言，帮助我们了解到很多真实的甚至是意想不到的信息。但是，它要求调查对象有较好的语言表达能力，因此小学低段的孩子不太适用；由于开放式问题的答案五花八门，整理起来比较困难，不便于分析，它的结论往往适合用来做定性分析的参考性资料。

周雪老师：因此大家可以看到，问卷设计一般是封闭式问题为多数，半开放半封闭式问题为少数，而开放式问题为个别。并且，大家可以观察到，开放式问题一般放在问卷的后部。我想这是因为，通过前面的问题选择之后，调查对象已经能够比较清晰地了解到调查者的调查意图，而且进入了比较放松的状态，因此能够比较准确地对问题进行回答。开放式问题一般是让调查对象表达对所调查问题的看法，或者是对调查者提出他所希望得到的真实的意见或建议。

陈明：三位老师，从你们的讲解中，我感觉到问卷的内容设计是最难的一个技术环节。那么，应该怎样针对我们小专题研究的主题进行问卷内容的设计呢？

周雪老师：你的感觉是对的，我们小专题组在进行研究时，先后设计了"学生英语学习习惯调查问卷（学生卷）""学生英语学习习惯调查问卷（家长卷）"以及"英语课后学习情况调查问卷"等。由于它们的设计难度很大，在进行问题设计和充分制定问卷答案时，我们确实花费了很多的时间和心血。下面，和大家共同分享一下我的问卷设计体会吧。

● 案例三：促进小学高段学生英语课后学习习惯养成的评价研究

和平街小学学生英语课后学习情况调查问卷

学生姓名_____　班级_____

亲爱的同学：老师将通过以下问题了解你们的英语课后学习情况，并且根据你们的回答改进自己的教学，为你们提供更有针对性的指导，请你如实填写，好吗？

1. 你在家听录音吗？（　　　）

    A. 天天坚持听 　　　　　　　　B. 每周听 5 次

    C. 每周听 2~3 次 　　　　　　　D. 偶尔记得时才听

2. 你听录音时会大声跟读吗？（　　　）

    A. 利用复读功能反复模仿未读准的地方

    B. 只是边听边跟着默读

    C. 只听不读

    D. 边听边做其他事

3. 上英语课后你会（　　　）

　　A. 常主动和爸妈分享、交流学习成果，谈学习体会

　　B. 有时会主动谈谈英语学习情况，每周1~2次

　　C. 很少主动交流，爸爸妈妈问到时会说

　　D. 尽量避免谈论英语学习情况

4. 你有积累英语知识的目标和学习计划吗？（　　　）

　　A. 有明确的目标和学习计划

　　B. 有目标，但没有学习计划和实施目标的具体步骤

　　C. 有学习目标和计划，但往往不能坚持完成计划

　　D. 没有目标和计划

5. 你对所学内容的态度是（　　　）

　　A. 及时复习、主动练习和实践

　　B. 有时复习和实践，每周2~3次

　　C. 已经学会了，练习没意思

　　D. 现在不太会没关系，下次老师会再讲的，不用问老师

6. 你在家怎样学习英语？（　　　）

　　A. 英语实践性很强，在生活中抓紧机会操练英语

　　B. 除书面作业外，通常每天有20~30分钟的学习时间

　　C. 只完成老师要求的书面作业

　　D. 没有固定的时间学英语，很随意

7. 你对学习英语的看法是（　　　）

　　A. 学习英语主要是为了交流，学会了就用英语交流

　　B. 学习英语主要是为了应付考试

　　C. 学习英语主要是为了得到老师和家长的表扬与奖励

　　D. 学习英语没有意思

你认为这些调查项目合理吗？对教师的建议是：

个案点评

　　周老师在英语教学中关注到的问题是学生对英语学习积极性不够高，知识掌握不牢固，经过反思，她把问题归因在学生的英语学习态度和课后

学习方面。因此，她的调查问卷设计主要从学生的英语学习态度、对课后学习的态度和学习方法、在家里的学习情况等方面入手，了解学生对英语学习的真实想法、课后学习（尤其是在家里）学习英语的状态，以便采取有针对性的研究措施。这份问卷针对小学高段学生，只设计了七个主要问题，并对学生的英语课后学习情况作了较充分的估计，主题明确，问题答案呈现具体完整，有利于了解大多数学生的主要问题，便于统计分析。

交流平台

周雪老师：我们问卷设计的目的在于了解学生对英语学习的态度、英语课后学习的主要态度及做法，因此，主要采用封闭式提问，而没有采用半开放半封闭式提问。在进行内容设计时，我认为主要应做到以下几点：

（1）问卷中的所有问题都应和研究的目的相符合；（2）整份问卷能显示一个重要的主题，使填答者认为重要而愿意合作；（3）对你想调查的内容进行分类，每一类再细化成几个短小的简单问题，便于更清楚、更全面地掌握信息。同时，还要注意：按问题的难易程度进行排序，由易到难，先提封闭式的、简单的、事实性的、容易使调查对象感兴趣的或容易回答的问题，这样，调查对象就易于接受，愿意回答；最后再提开放式的、含有某些知识或需要较多思考的问题，以免调查对象因这些问题不好回答而影响问卷的顺利完成。

陈明：我想，只有自己亲自去设计问卷，才能真正掌握问卷设计的关键。谢谢周老师的细心讲解。

叶筠老师：当你们对自己研究的主题有了比较深入的思考后，相信你会在头脑中形成比较清晰的思路，设计出目的性、针对性较强的调查问卷，为你们的研究顺利进行提供更大的保障。

班主任吴老师：刚才听了三位老师的介绍，相信大家对问卷调查法有了比较全面清楚的了解。然而，你们不要以为问卷调查就这样简单，还必须通过自己亲自设计，才能真正掌握这个小专题研究的重要方法。接下来，能不能请老师们再给大家介绍一下怎样进行调查问卷分析？

叶老师：每份问卷制定、调查、回收之后，接下来最重要的工作就是进行问卷统计分析。比如前面展示的第一份家长调查问卷，我就进行了详细的问卷分析。大家请看：

●案例四：让学生喜欢演唱教材歌曲的研究

家长调查问卷分析

一、调查目的：为了了解学生在家对音乐课的评价、唱歌的内容和形式、以及家长对教材歌曲的态度、对音乐课的建议，特制定本调查问卷。

二、调查对象：四年级一班全体学生家长。

三、调查统计：共调查 35 名学生家长，发放问卷 35 份，回收问卷 35 份，回收率 100%，其中有效问卷 33 份，有效率 94.3%。

四、调查结果及分析

1. 对音乐课的兴趣：

家长调查问卷的数据统计反映：72%的学生喜欢上音乐课，21%的学生感觉一般；63%的学生会与家长交流音乐课堂学习情况。从数据反映的情况分析，教师在音乐课上的内容设计、教学方法比较合理，符合学生需求，因此大部分学生对音乐课比较感兴趣。

2. 在家唱歌的内容和形式：

(1) 唱歌内容：70%的学生在家中喜欢唱流行歌曲和教材之外的儿童歌曲，只有 25%的学生喜欢唱教材歌曲。57%的学生在家有时唱教材歌曲，只有 21%的学生经常唱。

(2) 唱歌形式：90%的学生在家自己唱歌，24%的学生和家长一起唱，6%的学生和邻居小朋友唱，33%的学生在家中跟随 VCD 唱，6%的学生从不在家中唱歌。

以上数据说明，学生对于歌曲的演唱欲望比较强烈，愿意和喜欢唱歌。但大多数学生不喜欢演唱教材歌曲，在演唱形式方面，大都选择"自己单独唱"，说明了学生的表现欲望比较强烈，渴望有展示自己的机会。

3. 家长对音乐教学的反映：

(1) 87%的家长关注学生学习音乐的情况，愿意到校观摩学生音乐课堂。

(2) 56%的家长希望学生唱教材歌曲，36%的家长选择了让学生演唱健康的流行歌曲和儿童歌曲，8%的家长选择了让学生演唱影视歌曲。

(3) 家长对音乐教学延伸的要求：36%的家长希望增加合唱训练，48%的家长希望通过舞台表演，39%的家长希望加强课堂教学，15%的家长选择了其他方式。

（4）69％的家长支持课题的研究，并愿意为课题研究提供支持。

（5）家长提出的教学建议：加强唱歌技巧训练（呼吸、音准、节奏等），提供参加各类音乐表演和比赛的机会，开设一些健康流行歌曲和轻音乐，在教学中增加舞蹈、表演的内容。

五、思考

1. 家庭环境能够影响学生对音乐的爱好和审美情趣，教师应创造机会让教材歌曲走进家庭。

2. 家长非常支持课题的研究，愿意配合老师开展研究，应提供条件、搭建平台，让家长走进学校，参加音乐活动，家校携手，共同提高学生演唱教材歌曲的兴趣和能力。

张莉：叶老师，看了您的问卷分析，我觉得受益匪浅。我感受最深的是您对问卷中的所有问题进行了数据统计，比较准确地了解到了自己需要的信息，并根据问题的内容和数据进行了合理、具体的分析，最后还通过"思考"理清了自己下一步的研究思路，便于制订详细的有针对性的研究计划。

叶老师：你的理解非常正确。相信你在自己的小专题中也一定能用好这个方法。

李芳：我觉得问卷也有一定的格式，叶老师把它分成了五个部分，请问这是问卷分析的一般格式吗？

郑健老师（大田坎小学语文教师，教科室主任）：问卷调查法作为一种科研方法，对调查问卷的分析一般称为调查报告，不仅有规范的格式要求，还有比较科学、严格的统计分析要求。比如对调查资料的整理，按项目分类、编号；做回收率和有效率的统计；对问卷中所有问题的回答进行分类统计；统计结果出来之后，还要对它进行定量和定性分析。但作为一线教师，问卷分析就在一定程度上降低了难度，比如在叶老师的问卷中，有调查目的、调查对象、数据统计、调查结果及分析，最后提出了自己的思考，就基本能够比较全面、清晰地反映调查情况和老师的分析思考了，达到了问卷调查的目的。请大家来看看我们学校课题组在确定"小学生自律教育"这个研究主题时，是怎样进行问卷调查和问卷分析的。

●案例五：

"大田坎小学学生自律教育现状"调查报告

成都市大田坎小学课题组

一、调查目的

深入了解本校学生自律教育现状，研究学生自律教育中存在的问题，寻求解决的途径。

二、调查对象及方法、内容

本次调查采用了问卷调查法，调查对象为二至六年级学生，各年级随机选取一个班调查，采用不记名方式填写，以保证信息资料的真实性。本次共发放 320 份问卷，回收 315 份，回收率 99.1%。

"学生自律教育现状调查问卷"分学习习惯调查问卷和行为习惯调查问卷两部分。由课题组成员完成问卷设计并进行调查、统计、分析。

三、调查结果与说明

我们对调查所得资料进行统计处理，其情况报告如下：

表 1　学习习惯调查情况统计

学习用品准备	①每次都能很好地准备	②经常能	③偶尔能	④从不准备
	52%	35.21%	10%	2.79%
课前预习、课后复习	①一直有	②经常有	③偶尔有	④从来不预习、复习
	20%	40%	36%	4%
老师提问时	①能积极举手	②知道但不想举手	③怕羞不敢举手	④不知道所以不举手
	30%	26%	36%	8%
在阅读课外读物时能摘录好词佳句	①每次都能	②经常能	③偶尔能	④从不摘录
	51.23%	34.23%	10.04%	4.5%

从上表可知经常摘录课外读物的学生达 34.23%，在学习方法方面对学习新知识提前预习、课后复习的学生仅达 20%，反映部分学生学习自觉性较差，缺乏一种自觉性和主动性，学习较为被动。

表2　行为习惯调查情况统计

学校内发现脏物时	①赶快捡起来	②有时会捡起来	③装作没看见
	24.4%	51.5%	24.1%
做错事的时候	①主动承认	②教育下承认	③不承认
	48.3%	46.4%	5.3%
和同学发生矛盾时	①能主动谦让	②报告老师	③互不相让
	50.8%	34.1%	15.11%
当老师不在教室的时候	①能自觉遵守纪律	②需要同学提醒	③不能遵守
	61.2%	18.3%	20.6%

对我们调查的以上几个指标进行统计可知，5.3%的学生做错事不能主动承认，15.11%的学生和同学发生矛盾时不能主动谦让，四、五年级部分学生在这方面的问题表现尤为突出。另外，从上表可知，24.1%的学生看到学校内有脏物装作没看见。每个问题中选择2、3项的学生较多，说明我校有近一半的学生在行为习惯尤其是自律方面还存在较大问题，有必要对此进行研究，使之得到有效解决。

四、问题及原因分析

通过调查发现，学生存在的问题主要表现在行为和学习习惯两个方面，部分学生品德行为、学习习惯较差，产生问题的主要原因，与下列因素相关：

（一）学生学习习惯养成与部分教师教育观念相关

调查中我们发现部分学生自我主动学习意识薄弱。究其原因，既与这些学生的学习态度不端正，学习目的不明确有关，也与部分教师的教育观念转变有关系。教师中或多或少存在着重视学生学习成绩提高，忽视学生习惯培养的现象，这些现象与当前实施素质教育的要求是不相符的。因此，培养学生良好行为习惯应从帮助教师转变教育教学观念入手。

（二）学生行为习惯养成与学校常规教育、家庭教育相关

调查中发现有5.3%的学生做错事不承认，24.1%的学生发现学校内脏物装作没看见，究其原因是学校在进行矫正教育中往往是堵得多，疏导得少；说教批评多，引导践行少，导致部分学生不诚实，自我约束能力差。

调查中还发现只有50.8%的学生和同学发生矛盾时能主动谦让，而近一半的学生不能正确处理同学之间的矛盾。一方面是因为同学之间缺乏相互关爱，另一方面则是因为家长自身修养水平参差不齐，常有同学之间发生一点小冲突，家长却不能正确对待的现象。刚刚由农村转到城区生活的民工家庭，部分家长对学生行为要求、使用礼貌用语要求等意识淡薄；此外家长自身不良行为对孩子潜移默化的影响，是导致学生的行为习惯较差的特别重要的原因。

五、思考与建议（略）

1. 常规教育，点滴做起

2. 课堂渗透，潜移默化

3. 校班结合，活动育人

4. 家校联手，齐抓共育

郑老师：我在撰写调查分析报告时，主要分为五个部分：（1）调查目的：表明调查者的调查目的或意义，让读者明白其调查意图；（2）调查对象及方法、内容：向读者介绍调查的对象、范围、方法等，并对回收率、有效率等一一说明；（3）调查结果与说明：对调查的问题进行分类的数据统计，并对重要数据进行说明、归纳；（4）问题及原因分析：对主要问题进行客观、准确的分析，找出问题产生的主要原因；（5）思考与建议：针对问题进行思考，提出建设性意见和具体的研究措施，促进问题的解决或情况的改善。有的把第三和第四部分合在一起，即"调查结果及分析"，也是可以的，关键是自己怎样将问卷统计结果和分析有机地结合起来，以达到调查目的。

郝佳：我发现郑老师的调查内容有比较明显的分类，具体分为了学习习惯和行为习惯方面的学生自律现状调查，所以她们对封闭式问题采用了表格的形式进行数据统计，看起来一目了然，结合调查者的分析，很容易给读者留下比较清晰的印象，便于理解。

曾红：我感觉到郑老师的问卷调查对象涉及面比较广，调查的年级比较多，又采用了分年级随机抽班调查，因此调查结果就显得比较真实可信，使问题的呈现更加明显，更具有普遍性。对调查结果的归因分析比较详细、全面，有利于课题组采取下一步研究措施。

叶老师：所以，我们在制定调查问卷和进行问卷分析时，由于调查的目的、调查的对象、调查的范围不同，呈现的方式也会有一定的差别。但大家一定要把握住，我们的小专题虽然小，但进行问卷调查时也应该遵循一定的研究规律，进行一定的研究规范，才能得到比较真实的结果，做出比较科学的分析，并采取相应合理的研究措施，使小专题研究能够深入进行。

吴老师：谢谢各位老师的详细介绍，使我们班的学员明白了如何进行调查问卷的设计、问卷分析的重要性以及具体的写作格式。时间在不知不觉中过去了，我们的收获也在不断增加。让我们再次以热烈的掌声感谢四位老师的指导！（全班学员热烈鼓掌欢送）

温馨提示

通过以上教师之间的交流，你至少可以知道：

1. 问卷要目的明确，语言表述要准确清楚、通俗易懂，易于回答。问题要简短明确，不能太长太复杂。

2. 问题设计应注意：避免双向问题，不能要求调查对象用一个答案来回答两个以上的问题；避免双重含义问题，以免产生歧义，影响调查对象的理解；防止使用导向性问题，问题中不能有任何暗示性的话语，避免主观情绪，以免调查对象受此影响做出不实回答；避免问及个人隐私问题；尽量避免使用否定性问题，双重否定的问题一般禁止使用。

3. 整份问卷要尽可能简短，问卷中所提出的问题要有限度，不能过多，只要足以获得重要的资料即可。如果问卷太长，花时间太多，回答者有可能不愿意或不认真回答。

4. 问卷中的问题不要超出调查对象的知识和能力范围。

5. 问卷中的问题排序要适当，先易后难；排列要整齐美观，有利于提高回收率，便于统计整理。

6. 问卷调查法可以在研究前期运用，主要是收集最基础的信息资料，利于研究者进行归因分析，以便采取更科学、针对性更强的研究措施；也可以通过问卷的前测、后测进行前后对比，以观察研究的成效；有的问卷调查贯穿研究过程始终，有利于研究者不断通过观察、反馈及时调整研究思路和研究措施，保证研究顺利进行。

二、访谈调查法

上次的主题研讨培训给学员们留下了非常深刻的印象，很多学员回到学校之后，就根据自己的研究小专题，精心设计了一份调查问卷，并进行了认真的统计分析，找准了问题的原因，因此在研究中能做到对症下药，再也没有感到无从着手、一片茫然了。应学员们的强烈要求，第二次的小专题研究方法培训也改变了讲座的形式，请来了四位科研骨干教师对学员们进行现场指导。有所不同的是，这次学员们事先都作了比较充分的准备，所谓"没有调查就没有发言权"，没有前期学习，就不会有相互对话交流的平台，这是上次活动带给大家的深切感受。

班主任吴老师：各位老师，首先向大家介绍今天请到的四位科研骨干教师，他们是：沙河堡小学的陈勇老师、成都师范附属小学（东区）的文陈平老师和钟颖老师、盐道街小学（东区）的潘颖老师。掌声欢迎他们的到来！（学员热烈鼓掌）

今天我们要学习的研究方法是访谈调查法，这也是小专题研究中的重要方法。因此，已经要求大家事先收集相关资料并进行自学，希望你们能就学习中的困惑或问题向四位老师请教。

交流平台

李明：在这次培训之前，我先自学了关于访谈调查法的资料，因此对访谈法的特点有了一些基本的了解。但我发现它的分类特别复杂，比如按照不同情况可以选择不同的访谈方式：直接访谈和间接访谈、个别访谈和团体访谈、一次性访谈和多次性访谈。在小专题研究中，我们一般应该采用哪种访谈方式呢？

（画外音：访谈是一种有目的、个别化的研究性交谈，是研究者通过口头谈话的方式从被研究者那里收集第一手资料的一种研究方法。访谈又称访问法或谈话法。）

文陈平老师：因为老师研究的问题一般是自己教育教学中的实际问题，问题小而具体，而我们面对的人群主要是自己的同事、学生和家长，因此，我们选择的访谈方式一般是以访谈双方进行面对面的直接沟通来获取信息资料，即直接访谈；作为访谈者，我们一般是与一名访谈对象（多数时候是学生，有时是家长）单独交谈，因此选择的是个别访谈；在小专题研究中，相对而言，我们用到访谈法的时候目前还不多，更多采用的是一次性访谈，访谈内容都比较简单，主要以收集事实性信息为主。

张山：我看过资料，知道访谈前要做大量的准备和周密的安排，才能取得良好的访谈效果。我们小专题研究访谈的对象一般是学生和家长，调查的问题也不会太复杂，因此就可省去很多复杂的程序。请问各位老师，访谈前我们应该做哪些准备呢？

陈勇老师：你理解得很对。在确定访谈对象之后，我们一般要进行以下准备工作：

1. 确定访谈的时间和地点。对学生访谈可以在校内进行，对家长访谈可以采用"走出去"与"请进来"的方式进行。"走出去"就是老师到学生家里或家长选择的地点进行现场访问；"请进来"就是邀请家长到学校进行交谈。一般为了方便被访者、尊重被访者，也为了使被访者感到轻松、安全，更自如地表现自己，我们更多采用"走出去"的方式进行。

2. 设计访谈提纲。在提纲中列出你认为在访谈中应该了解的主要问题和应该覆盖的内容范围。设计的问题尽量开放，使被访者有足够的余地选择谈话的方向和内容。提纲还应该尽量简洁明了，最好只用一页纸，访谈时可以一目了然。访谈时还要注意保持一种开放、灵活的态度，不必强行按照提纲中的语言和顺序提问，并可根据交谈情况随时进行修改，对问题作深入的探讨，以达到自己收集资料的目的。

朱霞：陈老师，你能给我们具体谈谈怎样设计访谈提纲吗？

陈勇老师：我在开展自己的小专题"让城乡结合部小学学困生及时有效完成语文作业的实践研究"时，首先选择了研究个案，对学生进行了访谈调查，其次对家长进行了访谈，了解家长是否关注孩子完成语文作业的情况。请看我拟订的学生访谈提纲和一份"走进家庭"的访谈调查记录表（片段）。

●案例一：

小专题"让城乡结合部小学学困生及时有效完成语文作业的实践研究"学生访谈调查提纲

一、调查目的：为了了解本班学困生的学习动机、语文作业完成情况及其他学科学习情况，以激发学生的学习兴趣，促进他们及时有效地完成语文作业。

二、调查方式：访谈

三、访谈对象：张×

四、注意事项

1. 态度和蔼，语言亲切，不能急躁；

2. 开始访谈之前营造良好的氛围，让学生有安全感；

3. 语言通俗易懂，前后提问有逻辑性，善于追问，避免盘问；

4. 根据具体情况对问题的内容及问题的顺序进行适当调整。

五、问题设计

1. 你喜欢学习吗？为什么呢？

2. 你最喜欢上什么课？为什么？

3. 遇到不喜欢的课你会如何对待？

4. 上其他课（语文课除外，因为老师了解）一般情况下会不会专心听讲？是什么原因让你（不会）专心听讲呢？

5. 你每天作业完成情况怎样？在什么样的状况下完成？

6. 如果碰到不懂的问题你一般是怎么解决的？

7. 为什么有时候不能按时完成语文作业？有没有什么特别的原因？

8. 在家里有没有看与学习有关的书？为什么？

9. 你如何对待考试和自己的成绩？

六、结束语

●案例二：

小专题"让城乡结合部小学学困生及时有效完成语文作业的实践研究"家长访谈调查记录

一、访谈对象：学生邹×家长

二、访谈时间：2006年12月8日

三、访谈地点：学生邹×家里

四、访谈目的：通过与家长面对面的访谈，全面了解邹×的家庭基本情况、父母督促与辅导孩子学习的情况、家里的学习环境等，采取和制定相应的有效措施帮助学生邹×尽快摆脱学习困难状况，激发其学习兴趣，并能及时有效地完成语文作业，促进其学习成绩的提高。

五、访谈内容

1. 向家长介绍访谈的目的和意图，消除家长的紧张情绪；

2. 了解学生家长情况（工作、学历、有无能力辅导孩子等）；

3. 了解学生在家的学习环境；

4. 学生在家完成语文作业情况。

六、个别访谈实录（片段）

情况描述：

本次进行访谈的对象是邹×同学，他们家是低保户，他也是我班享受"两免一补"政策的学生之一。他很聪明，但是学习能力和学习成绩相当差，尤其是最近一年，成绩更是一落千丈。

这天，我加了一会儿班后，猜想他大概到家了，就给他家打了电话，说我要去家访，当时他很吃惊，可能以为我是去向家长告状或揭短的，只是支支吾吾地同意了。当我到他家楼下时，他已经在那里等我了，远远看见他还低着头在玩什么东西。当我到他家时，他家里没有人，到处乱糟糟的。他递了一杯水给我："陈老师，请喝水！"

我看看手表，快七点了。于是我好奇地问："你的爸爸妈妈呢？""妈妈在很远的超市上班，今天上晚班，半夜才回来。我爸爸可能就要回来了……"他还是低着头回答我。我征得他的同意后，参观了一下他的卧室和做作业的地方，被子都还没有叠，写字台很旧了，上面摆满了玩具等，乱七八糟的。没有台灯，整个卧室的光线都很暗。

不久，他爸爸回来了，看到我赶紧迎上来边招呼我边放手套。我们坐下来聊了起来。邹×坐在他身旁。

访谈实录：

"你孩子最近进步不小！我早就想来了解了解他的情况，但是一直没有时间。平时我对孩子的关心不够，今天我们好好谈谈吧！"我微笑着说。

"我们娃娃不听话，给老师添了不少麻烦吧，真是不好意思。他做作业太恼火了，经常半夜了都还在写……"家长先是很客气地说，渐渐地开始唉声叹气起来。

"怎么会做到半夜呢？"我不解地问。

"陈老师，我不怕你笑话，我们是低保户，为了这个家，我和他妈都很拼命，也只能挣一点点钱。他妈在西门（他们家在东城郊区）一个超市上班，经常半夜回来。我呢？天天在拉三轮车，也差不多都是现在这个时候才回来，有时候更晚，所以他放学回来，要不看电视，要不在外边疯耍……我们又没有老人，根本没有人也没有时间管他的学习！"他皱着眉头，显出很无奈的样子。邹×不好意思地又去给我加水，还瞅了一眼他爸爸。

"那他做不起作业时，要问你们吗？"我追问一句。

"哎呀，老师，不瞒你说，我们以前小时候兄弟姊妹多，吃饭都成问题，哪里还读什么书哦！只在小学呆过两年。他妈要好些，小学毕了业的。但是，现在你们的书好多她也读不懂了，我们咋个辅导他嘛！简直是恼火得很啊……"他深深地叹了一口气，随即抽出一支烟来点燃了！（邹×慢慢开始抬起了头，有点理所当然的样子。）

……

七、情况分析

通过这次面对面地对邹×同学的家长进行访谈，我的感触颇多。我真正了解到了邹×同学平时的学习情况是怎样的，这些是我们老师在学校无法了解到的。虽然他很聪明，但是因为学习习惯比较差，语文基础也很薄弱，加之家长一无时间监督孩子的学习，二无能力辅导孩子，长此以往，他的学习成绩只能是越来越差。其实，他只是我们班的学困生之一。因为我们是一所地处城乡结合部的学校，我们班有一半以上是外地转学来的农民工子女。他们有的确实因为自己的语文功底差，学习习惯也不太好；有的因为自己家庭经济的原因，父母要奔波于生计，拼命地工作，没有时间关心、督促和辅导孩子的学习；也有的家长即使有时间，但是因为自身的学历和知识水平有限，根本不能辅导孩子的学习。这样，这些学困生成绩和习惯都越来越差，对学习越来越没有信心。

……

个案点评

陈勇老师在开展小专题研究过程中，采用了访谈的研究方法。他在访谈前拟订了访谈提纲，尤其是设计了有针对性的问题，可以对访谈的过程进行控制，因此可以得到所需要的真实的信息资料，便于统计与分析。通过对学生和家长的访谈，老师更详尽、更全面地了解到了学生的学习动机、学生的家庭学习环境、在家完成作业情况、家长对学生作业的督促和辅导情况等。而且，老师进行了详细的访谈记录，便于进行分析研究和以后查找资料。依据调查所获得的信息，老师就能进行客观、准确的分析，采取的措施也会更加切实有效，能够保证小专题研究的顺利进行。

陈勇老师：通过多次对学生、对家长的访谈，我基本上摸清了我们班所有学困生的家庭情况和孩子在家的学习情况。针对这些情况，我又和家长们多次沟通，并采取了很多积极措施，逐步转变家长的观念，帮助家长们解决实际困难，使他们愿意尽量配合老师。通过家校共同努力，我们班的学困生慢慢都养成了按时完成作业的习惯，而且作业质量也有了很大提高。

李明：我感觉陈老师设计的访谈提纲，目标非常明确，既便于操作，又能够了解到学生的学习动机、作业完成情况等重要资料，对他的小专题研究的深入开展能够起到很好的辅助作用。

程玲：在访谈记录中，陈老师专门设计了向家长说明访谈意图的内容，让家长明确交谈的主题，可以避免因无关信息过多而浪费时间；访谈的提问方式亲切诚恳，可以消除与家长之间的距离感；问题有较大的开放性，家长可以坦诚地谈出自己对问题的看法，用自己的语言和概念表达自己的观点，便于了解家长的心理活动和思想观念等。在这种平等宽松的谈话环境中，教师可以赢取家长信任，获得他的支持与配合。

潘颖老师：我深有同感，作为一名年轻的语文老师，我有幸在小专题研究中得到锻炼，增强了自己的研究意识和研究能力。减负一直是大家所关注的问题，但如何做到真正的减负，我不仅关注课堂教学效率的提高，而且更多地把眼光聚焦到了孩子在家中的学习效率上。请看我的一份学生访谈记录。

● 案例三：提高低段学生课后学习效率的指导研究

学生访谈记录

一、在全班抽样了解优中差各类学生回家后的学习情况，进而调整教学，有效整合家校力量，教育指导学生，提高学生的课后学习效率，将减负进行到底。

二、访谈对象

学生姓名：杨××

性别：女

年龄：8 岁

班级：二年级四班

三、访谈时间

2007 年 10 月 18 日中午

四、访谈地点

教师办公室

五、学生情况简介

该生是我班一位比较优秀的学生，也是语文科代表，学习基础较好，理解能力和自理能力较强。她每天总会帮我做一些具体事情，事情交给她做我很放心。

六、问题设计

1. 你回家后会做哪些事情？

2. 你在什么时候开始做作业？

3. 你做完作业一般是在什么时候？

4. 你觉得老师布置的作业多吗？

5. 你觉得做哪类作业你最能掌握当天学习的知识？（读、抄写、听写……）

6. 你喜欢做作业时有旁人辅导吗？为什么？

7. 你有检查作业的习惯吗？

8. 你回家完成作业后，还要做其他的相关练习吗？做哪些？你觉得做这些练习对于你掌握知识帮助大吗？

9. 你遇到困难的题目是怎么做的？你觉得怎样做效果更好？

七、访谈实录

师：杨××，老师很好奇为什么你的知识掌握得那么好，能告诉老师你回家后都会做些什么事情吗？

生：我回家后先写作业，然后练琴，练完琴我再看一会儿故事书，然后和外公外婆聊天就准备睡觉，睡觉前外公要我把每天学习了的生字看一遍，读一遍给他听再睡觉。

师：那你从什么时候开始做作业呢？

生：以前是回去了就做作业，做完了就吃饭。现在学校要排练节目，回家吃完饭再做作业。

师：那你以前是什么时候吃完饭？（放学后几分钟就能够走到她家，可计算出她的作业时间）

生：5点。

师：你觉得老师布置的作业多吗？

生：不多啊。

师：你觉得做哪类作业你最能掌握当天学习的知识？（生没有发言）

师提示：老师平时布置的作业有读课文和课文下面的字宝宝、动手写写字宝宝、请家长听写等等作业。你觉得哪一种最能帮助你记住字宝宝？

生：我最喜欢老师你叫我们回家做的游戏了，你教的游戏都很好玩，但是很多时候我都不能玩游戏。

师：为什么呢？

生：因为没有人和我一起玩。我妈妈在外省，我爸爸每天回来得很迟。

（说到这里，孩子眼睛不再看着我，而是看着地，嘴角也不再上扬了，小手交叉着在身前慢慢地翻动。）

师：爸爸妈妈都热爱他们的工作，就像你喜欢学习一样，你能理解他们吗？（生默默点头）你每天的作业做得这么好，你做完作业会检查吗？

生：嗯，我会。

师：你还做其他的练习题吗？

生：没有。

师：平时你自己完成作业遇到困难时，你是怎么解决的？

生：我以前会问爷爷，可爷爷会生我的气，问我为什么不懂，爷爷好凶哦！我怕爷爷。现在我会拼音，会查字典了，很多问题我可以自己解决了。有一次我做《黄冈密卷》中的一道连线题时，怎么也不会做，我一直在家里想，杨××（男）来找我了，我们一起想，后来就把那道题想出来了。

（杨××和小女孩住一个小区，爸爸妈妈在云南工作，平时很少回来，孩子由爷爷奶奶在带。）

师：你们真是了不起的小朋友，勇于向困难挑战。你们以后也可以像这样一起讨论学习上的问题，互相帮助，是吗？

生：是的。

师：老师给你们一个建议，如果仍然有不懂的题目，请你先按自己的理解做，再在旁边做个记号，这样老师批改时就知道了，老师愿意帮助你们解决不懂的问题。

潘颖老师：本专题源于一次主题为"快乐"的班会课，在那堂课中我才了解到班上许多小朋友因为回家学习的问题而感到不快乐。进行访谈的目的也是为了收集更多有效的资料，便于我做更有针对性的课外学习指导，更好地与家长形成教育合力，减轻学生学习负担，提高学生学习效率，为孩子的快乐而努力。学生回家学习会遇到一些实际的困难，只有帮助他们解决了这些困难或困惑，孩子才能从不快乐中解脱出来。杨××（女）是个独立性强的小朋友，通过访谈知道她回家基本上是独立完成作业，学习习惯也很好，先做作业再做其他事情。她有一套较好的巩固识字的方法，在遇到困难的时候也没有放弃，寻找了和同伴共同探讨的办法。我认为要提高孩子的课外学习效率，光靠独立学习是不行的，还需要搭建一个交流互助的平台。因此我建议家长们能抽一些时间和孩子进行对话交流，既增进亲子沟通又能促进孩子语言表达能力的发展。有些小朋友可以和爷爷奶奶一起按老师要求在游戏中完成作业，如一起读故事书，在拼读练习、拼读识字的同时调动儿童多种感官，提高识字效率。

朱霞：潘老师真是一位教育的有心人，对孩子们充满爱和激情，这正是年轻老师的优势和特点。从潘老师对学生的访谈中，可以看出师生关系的融洽，孩子对老师的信任。因此，老师不仅可以从访谈中了解到很多在课堂上无法了解的信息，也增进了师生间的感情，能对孩子进行更有效的学习指导，提高孩子的学习效率。

曾红：我在学习中感觉到访谈提纲的问题设计最关键。资料中对访谈问题的类型分类也比较多，比如开放型与封闭型问题、具体型与抽象型问题、清晰型与含混型问题等等，那么，在访谈提纲中我们应该怎样设计问题呢？

陈勇老师：开放型问题指的是在内容上没有固定的答案、允许受访者作出多种回答的问题。这类问题通常含有"什么""如何"和"为什么"之类的词语。如："您对孩子不能按时完成作业有什么想法？孩子在家里是如何完成作业的？你认为孩子为什么不能完成作业？"而封闭型问题指的是那些对受访者的回答方式和回答内容均有严格限制的问题，其答案往往只有"是"或"不是"的选择。

我们更多设计的是开放型问题，因为它给被访者留下可解释的余地，给研究者提供深入了解的可能。但使用这类问题时必须考虑到受访者的个人特点。有时，问题过于开放或开放的问题过多，被访者可能会对对方的意图迷惑不解。因此，访谈者可以考虑适当地问一些封闭型的问题，为被访者确定一个思考的基本方向。

潘颖老师：具体型问题指的是那些询问具体事件（特别是事情的细节）的问题，它有利于被访者回到当时的情境，并对事件的发生过程、细节及当时的心态进行描述，给研究者提供更真实、可供深入分析的资料。抽象型问题则是对一个事件进行比较笼统的、整体性的陈述的问题，它便于对一类现象进行概括和总结。如："你平时放学后都干些什么？""为什么你们对语文学习没有兴趣？"

我们设计得更多的是具体型问题，即使要了解抽象的问题，也应该通过访谈问题的设计将抽象的问题具体化，然后在归纳的基础上再进行分析层次上的抽象，否则被访者对抽象型问题可能比较茫然，或容易凭自己的主观认识随意回答，那样就不可能获得真实、生动的访谈信息。

陈勇老师：我们访谈的对象一般是学生和家长，内容一般是关于学生的学习问题。因此，我们设计的应该是一些指向明确、表达清晰、简单明了、意义单一、容易被受访者理解的问题，这就是清晰型问题。而那些语句结构复杂、承载着多重意义和个人"倾向"的含混型问题是不适合用于访谈的。

文陈平老师：一般来说，访谈提问的方式、词语的选择以及问题的内容范围都要适合被访者的身心发展程度、知识水平和谈话习惯，要能使对方听得懂，并愿意配合访谈。我这儿也有一份学生访谈记录，大家先看看，然后可以通过交流来加深体会。

●案例四：指导二年级学生将所积累的好词用于写话的研究

学生访谈记录

一、访谈目的

课外阅读作为课内阅读的补充和延续，不仅必要，而且对激发学生的阅读兴趣、增加语言积累、提高写作能力、提高语文综合素养都有着十分重要的意义。因此，为了更好地了解学生的阅读积累和运用的情况，我对本班部分学生分别进行了个别访谈。

二、访谈对象

学生姓名：佳佳　性别：女　年龄：7岁半

班级：二年级三班

三、访谈时间：2007年3月15日下午

四、访谈地点：本班教室

五、访谈记录

师：佳佳，平常同学们都说你最喜欢看课外书了，一下课老师也总看到你在小花园或小书屋里特别认真地看书呢！你喜欢看课外书吗？

生：当然喜欢了！妈妈给我买的故事书可好看了！

师：既然那么喜欢看书，那一定读过好多书了吧？

生：是有点多了，我也记不清大概有多少本了。（小手抠着脑门，可爱状）

师：你最喜欢哪一类书呢？比如说童话、寓言、成语故事、作文、漫画书？

生：我看了很多种类的书，你刚才说的我都喜欢，我还看了很多少儿版的中外名著呢！（很得意的样子）

师：看来确实是挺多的，那你能给大家推荐一本你最喜欢的书吗？

生：我这几天都在看《跑猪噜噜》，挺好看的。

师：你带在身上了吗？给老师看看是怎样的一本书呢？

（生从书包里拿出这本书来，是一本外国故事书，纯文字，200 页左右。）

师：这本书你看了多久了？

生：2 天，快看完了！

（表情有点遗憾：这么快就要看完了。）

师：看来我们的佳佳可真是个阅读大王啊！

生：（表情骄傲）我都得了好多张大奖票了呢！

师：读了这么多书，你的日记写得怎么样啊？你平时会写日记吗？

生：妈妈叫我每周至少写三篇日记。

师：可以看看你的日记本吗？

生：好的。

（生找出自己的日记本。）

师：把你写得最好的一篇读给老师听听可以吗？

（生面露羞涩，该生本来就不是很善于表达的孩子。）

生：那好吧。（开始读日记）

师：写得真不错，老师还听出你在日记里用到了很多好词语呢！比如"筋疲力尽""好高骛远"等等，这些词语你都是从哪儿学来的呀？

生：噢！这些词有的可能是语文课上学到的吧？！还有的是自己在课外书上勾画的一些好词语，我把它背下来的。

师：你可真能干呀！不过，老师也看到你的日记里有一两个词语用得不太正确，怎么会用错的呢？

生（脸红了）：有的词是在书上看到的，但是我不太懂它的意思。

师：看来要正确运用这些好词一定要先弄懂它的意思，以后就会用得更好了，老师可以教你使用词典，以后你就不用怕了！

生（很高兴）：太好了！谢谢老师。

师：不用谢！你太可爱了！下次你读到好书别忘了和老师分享哦。

个案点评

在文老师的这份访谈记录中,老师和学生娓娓交谈,看似不经意,然而正是在这种老师刻意营造的亲切宽松的谈话氛围中,平时羞涩不善表达的佳佳才会向老师敞开心扉,流露出孩子天真、活泼的一面来,勇敢展示自己的阅读水平和写话能力。在循序渐进的谈话中,老师也从中找到了孩子在运用积累词语写话中出现问题的原因,继而可以采取相应的教学措施,帮助学生提高写话水平。

文陈平老师:我们这个小专题是前一个小专题"一年级学生课外阅读指导研究"的深化研究。经过第一阶段的研究,学生已经能够从课外书中勾画许多好词,也敢于在写话时大胆地运用,但在运用的正确率上总感觉有所欠缺。通过这次访谈,我们明白了这主要与学生对积累到的好词的意思不理解有关系。除此之外,我们还从中感觉到,有些词语是学生记下来的,但由于低段孩子识字写字的能力还不强,他们有时即使知道这个词但也因为不会写而没有运用。因此,在下一个阶段,我们要着力指导学生在词语积累中先要想办法理解,理解后再进行记忆,这样才能有效运用词语,从而提高写话水平,为三年级作文教学打下牢固的基础。

张宏:在文老师的访谈中,我可以看出老师抓住了语文学习的重点,对学生的阅读和写作能力进行了有的放矢、循序渐进、潜移默化的培养。长此以往,学生对语文学习的兴趣和热情自会高涨,学生的读写能力、语文综合素养一定能提高。

陈洪:作为老师,我们经常与学生、家长接触,但这些日常谈话都是按照老师自己的想法比较随意进行的,虽然也了解到了一些重要信息,解决了一些问题,但缺乏科学性和计划性。访谈调查法既然是一种研究方法,那么我们在访谈过程中应该注意些什么呢?

钟颖老师:在提问过程中,一般要注意以下四点:

1. 提问要清楚明确。事先要熟悉访谈的每一个问题,做到发问自然流畅,语气委婉,态度亲切,以赢得被访者的好感,让他们愿意配合。

2. 要注意倾听。发问后,要有礼貌地、积极关注地、耐心地倾听被访者的陈述,还要注意不轻易打断被访者的谈话,能容忍被访者的沉默。

注意运用中性语言（如"是、懂了、明白了、请继续说"）或目光、动作、手势等非语言信息鼓励被访者继续说下去。

3. 边听边记录。一般采用"简记"这种现场笔录方式，即只记录自己感兴趣的内容和要点，可事先准备访谈记录表，以便快速、准确地记录。记录内容包括：被访者的回答、访谈人员的追问、访谈情境、访谈程序、对被访者行为特征的描述和评注。

（画外音：访谈的记录方法主要有两种：一是现场笔录；二是用录音录像辅助记录。现场笔录有四种：一是速记，即用缩略语或特定符号来全面记录被访者的回答；二是详记，即用文字当面做详尽的记录，但往往跟不上谈话速度；三是简记，这种方法最常用；四是补记，即访谈现场不做记录，事后根据回忆记录访谈内容。）

4. 不宜对被访者的回答做任何评价。一般说来，访谈人员对所提的问题要保持客观、公正的立场，不能给予任何暗示，以免影响被访者的态度和看法，使访谈得不到真实信息。但从潘老师和文老师的访谈中，我们可以看出：对低年级孩子进行访谈，老师给予一定的鼓励和引导还是很有必要的，它能消除孩子的紧张感，让孩子认真回答问题。

咱们一起来看看我的这份访谈记录。在小专题研究中，我曾对五年级全体学生进行了问卷调查，了解他们对教材中民族音乐教学的看法和建议。上民族音乐欣赏课《雪域之歌》前，为了更具体了解学生内心的真实想法，让他们为"如何上好民族音乐课"出谋划策，提出更多更好的建议，我对部分学生进行了团体访谈。

●案例五：挖掘教材中的民族音乐因素，提高高段学生喜欢民族音乐的策略研究

《雪域之歌》课前学生访谈记录

一、访谈对象：五年级一班部分学生

二、访谈时间：2005 年 11 月 12 日中午

三、访谈地点：五年级一班教室

四、访谈目的

通过课前的访谈，了解学生想要在该课的学习中知道什么，喜欢老师

用怎样的方式授课，有什么好的建议等，从而根据学生的兴趣确定自己在民族音乐欣赏课《雪域之歌》中的教学方式。

五、访谈实录

师：同学们，下周钟老师打算给大家上《雪域之歌》一课，这是一节藏族音乐欣赏课。老师想征求一下大家的意见：你们想从这节课中了解有关藏族的哪方面的知识，比如说他们的节日、服饰、饮食、文字、乐器、舞蹈等等。你们愿意谈谈吗？

霖霖：我想了解藏族的节日、饮食和文字。

笛笛：我还想了解藏族的舞蹈和服饰。

小琳：我最想了解他们的节日、服饰、乐器和舞蹈。

小纬和遥遥：钟老师，这些内容我们都很感兴趣！

师：看来，大家希望了解的有关藏族的知识很多，不过一节课可能容不下那么多的内容，老师只能选择你们最感兴趣的内容来教学。能不能每人只选两种，我们看看哪些内容是大家都感兴趣的？

燕燕：我最想了解饮食和服饰。

小怡：我想了解藏族的服饰和节日。

周美晨：我最想看藏族的舞蹈。

……

师：好吧，看来同学们都很想了解藏族的饮食、服饰、节日和舞蹈，钟老师一定在这节课里为大家介绍。为了让这节课更有趣，你们希望老师以哪种方式给你们上课呢？

婷婷：希望老师先让我们了解藏族的风俗，然后再让我们欣赏藏族舞蹈。

小宇：钟老师，你可以穿着藏族的服装为我们表演，让我们充分感受一下藏族歌舞的特点。

小婷：我希望我们在这节课上可以边欣赏边表演。

……

师：老师会尽量满足你们的要求，那你们可以再为这节课的设计提点好的建议吗？

巍巍：钟老师，我们能不能带一些藏族的食物来与大家分享？

小丽：我们可以去收集藏族的服饰来展示民族风情。

小宇：希望钟老师带我们到多功能室上课，我们可以多活动、多表演，免得一直坐在那里唱，太单调了！

师：谢谢同学们的好建议，相信通过我们共同的努力和充分的准备，这节音乐课一定会很成功的，让我们共同期待吧！

钟颖：在小专题研究中，我最大的收获就是教育观念的明显转变。以前，我备课总是按部就班地先分析曲目再考虑教学设计，学生学习兴趣不浓，参与不积极，一堂课上得死气沉沉、枯燥乏味，失去了音乐课本该具有的美的熏陶和愉悦的享受。现在我明白了应该由教师的"教"为中心转向以学生的"学"为中心，以学定教，通过对学生的访谈，了解他们的真实想法和建议，并组织学生共同参与到资料的收集和准备中，这样自然会激发他们的学习兴趣。这堂课后来取得了很大的成功，课堂上充满欢声笑语，老师把学生害怕的音乐知识和乐器知识有机融合到多种形式的教学中，学生在不知不觉中掌握了民族音乐知识，还全面地了解了藏族的民族特色，真可谓一举两得！

班主任吴老师：非常感谢三位老师的指导，让我们明白了怎样进行访谈调查，以收集到对自己的小专题研究真实有用的信息。大家回去后一定要亲自实践，增强访谈的计划性和目的性，使自己的研究更科学规范。让我们再次以热烈的掌声感谢三位老师的悉心指导！（全班学员鼓掌欢送）

温馨提示

通过以上教师之间的交流，你至少可以知道：

1. 访谈过程中要随问、随听、随记，以免忘记有关信息。

2. 要忠实记录，实事求是，不要以自己的话来转述被访者的回答；要逐字逐句记录，尽量记录被访者的原话，不要润色，不要添油加醋；少做概括性的记录，不要对被访者的回答内容作摘要，以免掺入主观成分。

3. 访谈记录要写明访谈人员的姓名、访谈日期、时间、地点等资料，以便于分析查考。

4. 访谈记录中除了被访者的回答外，追问、评注、解释、访谈情况和特殊事件的描述都要加括号，以示区别。

5. 访谈后对访谈资料进行整理和分析。对资料的处理要做到条理清楚，主次分明；根据研究目的对加工处理的资料进行综合分析，在对问题产生原因作深入的分析之后，得出调查结论，并可拟定相应的改进措施。

三、教育观察法

随着培训活动的继续开展，新苗二期培训班的学员们进行小专题研究的热情不断高涨，他们深深地感受到：有效的研究方法使自己的研究更具目的性和针对性，在研究中也越来越得心应手。今天，是他们的第三次培训活动，大家都迫不及待地来到培训地点，期待着又一次知识的盛宴。

交流平台

班主任吴老师：老师们，在前两次培训中，我们和小专题研究的老师一起就问卷调查法、访谈调查法这两种行动研究的方法进行了非常有价值和有实效的研讨。今天，我们再次请来了两位科研骨干教师，就小专题研究中的另一种行动研究法"教育观察法"，与在座各位进行交流探讨。她们是成都师范附属小学的金娟老师和大田坎小学的叶文春老师，掌声有请二位老师入席！（学员们热烈鼓掌）

王真：通过上两次的培训，我深有感触：我们不能只停留在理论层面的学习上，一定要把学到的知识进行筛选，用于自己的实践研究中，才会真正地掌握这种科研方法。在研究中我们一般是通过观察来得到有关研究效果的信息反馈的，那么，作为另一种科研方法，观察法一般有哪些类型呢？

吴老师：老师们，首先我们应该明确：教育观察法是指研究者按照一定的研究目的，在教育活动的自然状态下，用自己的感官和辅助工具对研究对象进行系统地观察，从而搜集信息资料并分析研究的一种科研方法。教育观察法作为直接进入教育情境的研究方法，是教育研究最基本的方法之一。

曾红：我学习过有关观察法的资料，发现它在教育领域运用非常广泛，高校研究也经常用到它。资料介绍，从不同的角度划分，观察法的分类有所不同。比如：（1）按观察的情境条件分，可分为自然情境中的观察与实验室中的观察；（2）按观察的方式分，可分为直接观察与间接观察；（3）按观察者是否直接参与被观察者所从事的活动分，可分为参与性观察与非参与性观察；（4）按观察实施的方法分，可分为结构式观察与非结构式观察；（5）按观察内容是否有针对性分，可分为开放式观察和聚焦式观察等等。问题在于，这么多种观察类型，我们在小专题中一般采用哪些观察方式呢？

金娟老师：作为一线教师，观察的对象一般是教育活动中的教师或受教育的对象学生。我们的观察一般是在自然条件下，在对观察对象不加暗示、不加控制的状态下进行的，所以主要是自然情境中的观察；因为我们本来就生活在研究现场中，因此，可以直接对研究对象进行观察，更多采用的是直接观察法；而我们研究的主要场所是在学校、课堂，当我们的观察对象就是学生时，我们完全可以深入到观察对象中去，作为一个成员参加观察对象的活动，在这种情况下进行观察、收集资料，这就是参与性观察；从观察实施的方法来看，我们更多地采用准结构式观察法，这是介于结构式观察和非结构式观察之间的一种观察方式，因此兼具二者的优点而克服了二者的缺陷，即研究者可以根据研究目的，事先拟订好观察计划，在一段时间的观察里，用文字或记录表作较详细的描述，有的还带有一定的价值判断和原因分析；我们一般先选定一个具体对象或具体问题，再进行观察，因此我们更多采用的是聚焦式观察法。

大家来看看我整理的几份观察记录表，就能够充分感受到以上所说的分类特点。

●案例一：科学课中学生合作学习"大锅饭"现象及纠正对策

"科学课合作学习'大锅饭'现象及纠正对策"记录表（一）

课名	我们的小车	时间	2006 年 3 月 7 日
对象	五年级 3 班动力特区组	教者	金娟
		记录人	金娟

记录内容：

合作学习任务（一）：设计实验探究拉力大小与小缆车运动快慢的关系

S1：我们可以看先挂一个垫圈小车走的快慢，再看挂两个垫圈小车走的快慢

……

S2：应该标一个起点和终点，每次实验都要从起点开始。

S3：提示中说到——目测小车运动的快慢，用数字表示快慢。

S4：数字怎么表示？

S3：最慢的用 1 表示，速度越快，用越大的数字表示。

S5：我们可以用手表来计时测量呀！

S1：对呀！用秒表测。看挂一个垫圈小车跑完全路程需要多少时间，然后看两个垫圈、三个垫圈……

S6：没有发表意见，似乎在倾听别人的发言，似乎又没有完全明白别人的发言。

合作学习任务（二）：向全班汇报交流关于探究拉力大小与小缆车运动快慢的关系的实验设计

S1、S3、S5 上台汇报，S2、S4、S6 坐在位置上补充。

S5：我们小组打算用秒表来测量小车每一次行驶同样距离的时间。

S1：第一次用一个垫圈测出时间后，第二次用两个垫圈再测……

S2：（站起来补充）标一个起点和终点，每次实验都从起点开始。

S3：提示中说到——目测小车运动的快慢，用数字表示快慢。我们的方法跟提示的方法不同，我们是用秒表测量。

S4：（站起来补充）在黑板上画出了实验简单示意图。

S6：仍然没有发表意见，似乎在倾听别人的发言，似乎又没有完全明白别人的发言。

现象分析：

S6 的似懂非懂的状态无疑是"吃大锅饭"现象。究其原因可能是——

1. S6 与小组成员之间关系紧张。

2. 小组分工存在问题，没有做到责任到人。

3. S6 与小组内其他成员相比，实力差距过大，以至于无机会发表意见。

4. S6 与其他成员差距不大，而是主观上有抵触情绪，不愿参与。

纠正措施：

1. 课后分别找动力特区组长和 S6 了解情况，证实是否成员关系紧张，并且了解该组成员分工情况。（访谈结果是：由于 S6 上课经常不专心听讲，有几次因为纪律原因被扣了小组纪律分，导致小组成员的排斥，甚至有组员提出让 S6 转组的要求，从而使 S6 主观上产生抵触情绪不愿参与小组合作学习。）

2. 用"T"形图教授合作学习技能之"承认小组中他人的贡献"。

"科学课合作学习'大锅饭'现象及纠正对策"记录表（二）

课名	给小车装上动力	时间	2006 年 3 月 14 日
对象	五年级 3 班动力特区组	教者	金娟
		记录人	金娟

记录内容：（"T"形图教授合作学习技能之"承认小组中他人的贡献"之后。）

  合作学习任务（一）：实验探究橡皮筋的圈数与小车运动快慢的关系

  S1：我认为橡皮筋圈数越多小车运动越快。

  S4：不对，绞得太多，橡皮筋的位置会变，小车会转弯，就不好实验了。

  S2：绞橡皮筋的圈数准备尝试。问：怎么弄哦？

  S4：把轮子取下来绞好再安上去。

  S3：不对，不对。应该是把小车按住先后推，利用回力。

  S5：我们还是用秒表来计时测量吧！

  S6：那我来画起点和终点。（其他组员表示赞成）

  S3：操作利用回力；S1：数橡皮筋圈数并负责记录；S5：计时；S6：画起点和终点；S2、S4：负责重复做第二次、第三次实验。

  合作学习任务（二）：实验探究橡皮筋缠绕的方向与小车运动状况的关系

  S2：橡皮筋向顺时针方向绕，小车向前运动。（边说边演示）

  S1：那，逆时针绕，就向后运动。我来试试。

  S4：不用按着，直接用手拿着绕行不行？

  S2：尝试 S4 所说方法。

  S5：负责记录。

  S6：似乎有些插不上手。这时 S1 提议大家让 S6 负责操作一次实验。这才终止 S6 的"大锅饭"状态。

现象分析：	纠正措施：
S6"吃大锅饭"现象原因分析： 1. 通过"T"形图合作学习技能之"承认小组中他人的贡献"活动以后，较为有效地改善了 S6 与小组成员之间的紧张关系。 2. 小组分工基本不存在问题，通过观察可见分工较细、责任到人。 3. S6 第一次实验的主动参与和第二次实验的"大锅饭"现象，说明 S6 的注意品质较为低下，持续时间较短，以至于第二次实验不能注意力集中。但是主观上 S6 没有抵触情绪，不是不愿参与。	1. 课后找动力特区 S6 个别辅导，鼓励 S6 上课主动参与小组合作学习，并充分肯定 S6 在第一次实验中的主动表现。提出下一步要求——在小组讨论中提出不同见解。 2. 给 S6 看他们小组的"T"形图——合作学习技能之"承认小组中他人的贡献"，让其感受小组成员对她的肯定。

"科学课合作学习'大锅饭'现象及纠正对策"记录表（三）

课名	夜间的计时器	时间	2006 年 5 月 9 日
对象	五年级 3 班动力特区组	教者	金娟
		记录人	金娟

记录内容：（与 S6 单独谈话以后。）

合作学习任务（一）：讨论——怎样用蜡烛制作一个可以计时 5 分钟的蜡烛钟

S2：把蜡烛点燃，看一分钟燃掉多长。

S1：燃掉了怎么测呢？

S3：我觉得应该先测量蜡烛的总长度。

S4：然后再燃烧一分钟，看一分钟能烧掉多长。

S5：对，对。然后以一分钟的长度为单位，画出五个这样的长度。

S6：负责记录、整理出制作蜡烛钟的方法。

合作学习任务（二）：实验探究——制作一个可以计时 5 分钟的蜡烛钟

S1：负责测量蜡烛总长度。

S2：负责测量燃烧后蜡烛的长度。

S3：负责计时。

S4：负责计算单位时间每分钟的燃烧长度。

S5：负责记录数据。

S6：负责在蜡烛上画刻度。

现象分析：

S6 转变的原因分析：

1. 通过"T"形图合作学习技能之"承认小组中他人的贡献"活动以后，较为有效地改善了 S6 与小组成员之间的紧张关系。

2. 给 S6 分配记录工作或实验操作，让 S6 有事可干，并且喜欢干，是吸引 S6 的注意的好方法。

3. 纠正"大锅饭"现象的工作是长期而反复的，我们还需要继续关注 S6 并及时给予他指导和帮助，让他建立自信，学会合作，不断在成功体验中进步。

纠正措施：

1. 课后找动力特区 S6 继续进行个别辅导，鼓励 S6 上课主动参与小组合作学习，并充分肯定 S6 在合作学习中的主动参与。继续提出下一步要求——在小组讨论中尽可能做出更高质量的贡献。

2. 给 S6 予以适当奖励。

3. 建议组长让组员自选合作任务，发挥组员参与合作学习的积极性，组长的任务是协调组员的选择。

4. 用"T"形图教授合作学习技能之"主动倾听"。

"科学课合作学习'大锅饭'现象及纠正对策"记录表（四）

课名	用水测量时间	时间		2006 年 5 月 16 日
对象	五年级 3 班动力特区组	教者		金娟
		记录人		金娟

记录内容：（奖励 S6 以后。）

合作学习任务（一）：滴漏实验——测量漏 10 毫升水所需时间

S1：装水、扎孔。

S2：用秒表计时。

S3：调整铁圈的高度。

S4：收拾整理实验器材。

S5：记录实验结果。

S6：（主动提出要求）愿意做"用量筒接水并观察是否到达 10 毫升水位"的工作。

合作学习任务（二）：实验探究——预测并测量漏 50 毫升水所需时间

S6：预测漏 50 毫升水所需的时间应该是用漏 10 毫升水所需时间乘以 5，就得到漏 50 毫升水所需的时间。

S2：我不同意，因为越到后来水位就越低，水的压力越小，漏水的快慢就不一致，这样直接用乘法乘不准确。

S3：还是做实验来证明吧。

S4：负责用秒表计时。

S5：负责记录数据。

S6：负责用量筒接水并观察是否到达 10 毫升水位法。

现象分析：	纠正措施：
S6 转变的原因分析： 1. S6 开始敢于在小组内发表自己的预测，变得敢说了；该小组成员也越来越认可 S6 的进步，形成良性循环。 2. 让组员自选合作学习任务，让组员人人有事做，个个乐意做。 3. 纠正"大锅饭"现象的工作是艰苦的，这个过程是长期而反复的，单凭一次好的表现不能完全说明纠正成功。我们必须耐心等待，看到学生坚持不懈的努力，才是真正的纠正成功。	1. 用"T"形图教授合作学习技能之"用积极的态度去评价"。 2. 汇总所学过的合作学习技能，并且自评自己使用得最好的是哪项技能，使用得最不好的是哪项技能，思考如何调整合作的技能。

个案点评

金老师关注到科学课合作学习中的"大锅饭"现象之后，就确定了小专题研究。她选定了研究对象——学生 S6，通过跟踪观察学生小组合作学习实况，对观察到的情况进行比较分析、归因，针对学生实际情况，利用相关策略对学生合作学习实施干预，再观察学生的信息反馈，进行比较、分析，及时提供有效的指导和帮助，最后使学生终止了吃"大锅饭"的行为，而积极投入小组合作学习之中。金老师通过对多个研究对象的研究，从而探求到具有学科性、实践性、操作性的指导小学生主动参与小组合作学习的有效策略。这些观察记录表中的观察比较系统全面，不仅关注了学生 S6，而且充分关注了学生 S6 周围的情境、同伴的学习状态以及合作学习的整个过程，关注到了那些尽管未列入观察内容但却非常有研究价值的现象，具有较强的条理性和整体性，给人以直观、整体的印象，因而使研究结果更准确、更具有说服力。

吴丽：我觉得金老师的课堂观察记录表充分体现了观察法的几种类型：选定学生 S6 作为研究对象，对他进行直接的、有重点的观察，主要观察他参与小组合作学习的情况，这就运用了直接观察法和聚焦式观察法。

陈明：金老师直接参与到学生的学习活动中，利用对全班各小组进行巡视指导的优势，可以很方便地对 S6 进行近距离观察，而不致引起他的注意，可以观察到他参与合作的真实状态，这就是刚才介绍的参与性观察。

张维：金老师先确定了研究目的和研究对象，因此事先就拟好了观察计划，对 S6 进行一段时间的跟踪观察，通过记录表对 S6 参与合作的情况作了较详细的记录，然后在分析原因的基础之上采取了纠正措施，这就是准结构式观察法。

李芳：金老师的观察记录表向我们传递了非常丰富的信息，充分显示了老师对小组合作学习"大锅饭"现象的深入研究和取得的显著效果：第一，现象及原因。从记录表中可见，学生 S6 最初处于"吃大锅饭"状态，经过反复几次观察后发现该生"吃大锅饭"主要是由三个原因引起的。第二，分析及措施。针对这些原因，教师设计了用"T"形图教授合作学习技能的系列趣味活动，帮助学生通过一系列趣味活动认识到小组合作也是需要技能、技巧的，并有意识地运用这些技能去与小组成员主动交流、合作；当成员间这种微妙的积极的相互启发、相互影响发生时，学生们便尝到了成功合作带来的甜头；于是，学生对老师教授的合作学习的其他技能充满期待，更乐于付诸实践。第三，效果呈现。从记录表中我们可以欣喜地看到，学生使用的合作学习技能增多，学生的合作能力增强，小组的合作学习更积极、更默契、效率更高；最终，学生 S6 的合作学习状态由游离在小组外"吃大锅饭"转化为积极、主动为合作学习献计献策。

金娟老师：各位老师能够现学现用，真厉害。其实，用什么研究方法，关键是看你的小专题要解决什么问题，而且每项研究不是单一地使用某一种方法。前面介绍的问卷调查法、访谈法和今天介绍的观察法都可能会用到，每一种方法又有具体的分类。只要老师们运用智慧，认真思考，综合地、灵活地运用科学的研究方法，就一定能做好小专题研究。

曾红：看了金老师的研究，我觉得通过表格形式进行观察记录，不仅看起来一目了然，而且可以进行前后对比，研究效果更加明显、更有说服力。那么，观察记录的方法一般有哪些呢？

吴丽：我知道根据观察内容的特性，记录的方法有三种：（1）叙述性记录。即用叙述性语言完整地描述学生言语和活动的过程。最好制作叙述性记录的表格，可以根据观察内容的特点，设计时间、地点、学科、活动内容、人数、情景等必要的项目，格式要简单清楚。这种方式就是金老师用到的观察记录方法。（2）指标性记录。即把观察内容细化分解为多个观察项目，并规定每个项目的观察指标（如人数、次数、持续时间、等级、类型等），在表格中列出要观察的项目。一份记录表格由纵横两个维度组成。一般纵向是观察对象（如学生姓名、编号）或时间，横向是观察项目。表格中的内容是需要根据观察指标现场填写的观察结果。（3）评价性记录。即按照一定标准对学生言行特别是活动表现进行现场评价，把评价结果记录下来。评价性记录可以和日常的考核评价同步进行。

李文：如果我们在教学过程中对研究对象进行观察，更多必须求助于有用的记忆能力或记忆线索，观察过后尽可能快地做好笔记，以免遗忘；或借用录音、摄像来记录观察过程。如果我们通过听课来观察研究对象，就需要进行现场记录，此时就应尽量迅速地记笔记，或用笔记本电脑打字记录。现场笔记内容应该包括观察对象和内容的描述、分析意见和推论、个人印象和感觉。而且，每份笔记都要备份，一份留作备查，一份可作压缩、重新组织或重写等。

叶老师：我对班上的一个名叫宁宁（化名）的学生进行了个案研究，他是班级中行为比较特殊的孩子，家庭教育也比较特殊。我主要也是采用跟踪观察的方法，用日记描述法进行记录，即用日记的方法详细描述观察对象，这也是叙述性记录的一种。与表格形式相比，它对观察对象的语言、神情、外貌、动作等的描述更为具体，通过观察能做出更加客观的分析。咱们一起来看看：

●案例二：对班级中行为特殊儿童的教育策略研究

（一）观察时间：2006年8月31日（开学第一天）上午9：00

观察地点：教室、操场

今天是开学报名的日子。我刚刚走进教室，一个皮肤白皙、五官秀气的小男孩，在一大群人的陪同下来到我面前。我热情地迎上前去跟他打招呼："你好，我是叶老师，是这个班的班主任，你是来插读二年级的吗？"他没有回答，眼睛不停地东张西望。他舅舅厉声吼道："老师问你话呢，你的耳朵呢？"他这才把眼睛看向我，并对我点了点头。接下来，我又很亲切地随意问了几个问题，他都是在家长严厉的斥责声中才勉强回答的。趁大人不注意，他马上就溜出去玩了，像一匹小野马一样在操场上狂奔了几圈后，他就随意地停留在任意一堆孩子旁边，看别人玩什么，插几句嘴，又走到另一堆孩子面前……看我那么专注地观察这孩子，他妈妈忙对我说："这孩子虽然淘气，可聪明得很！"我笑了笑说："我相信！他一定是个不一般的孩子！"

他就是宁宁。陪他来报名的有他的爸爸妈妈、舅舅舅妈，还有表哥和表妹。

（二）观察时间：2006年9月11日　上午第二节课

观察地点：教室

上课铃响了，孩子们都急急忙忙地往教室里跑，玩兴正浓的宁宁很不情愿地跟着大家走进教室。值日生喊了一声"静息"，同学们都安静地趴在座位上，他左右看了一下，也学着大家的样子趴着。在值日生"一、二"的口令声中，全班同学端端正正地坐好，等老师上课。宁宁也把背挺得直直的，两只手规规矩矩地放在胸前。老师表扬了他，说他进步了，今天坐得特别好，鼓励他上课积极发言，不要把手放在下面搞小动作。他不好意思地笑了，并使劲地点了点头。开始上课了，他非常积极地抢着回答问题，声音大得像和人吵架一样。可是，没过多久，他的坐姿变了，背靠着椅子，两腿使劲地伸直，屁股不停地向下滑动，不一会儿，咚的一声，椅子倒了，他也摔到了地上。全班同学的目光齐刷刷地朝他看过来，他赶紧从地上爬起来，拍了拍屁股。老师问："摔痛没有？"他摇摇头，不好意思地笑了笑，赶紧把手端端正正地放在胸前坐好。只过了一会儿，他又坐不住了，手不自觉地伸到了桌子下面，随意地拿起一张小纸片玩了起来。老师朝他走过来，他赶快放下。反复几次之后，他从座位上站了起来，朝门外走去。老师叫住了他，问他干什么去。他说："教室里太闷了，我想出去透透气。"大家都忍不住笑了。他很不服气地说："笑什么笑，本来就是嘛！"老师忍住笑，把他拉回来，说："我们都知道你是个很聪明的孩子，这节课你已经很努力了，相信你一定会坚持下来的。"于是，他又回到了座位上，老师布置了今天的作业，同学们认真地写了起来，可他迟迟没有动笔，老师催他，他答："我不想写！"

"你那么聪明，老师相信你一定能写得很好，来，老师坐在这儿陪你。"无可奈何的老师只好坐在他旁边的空位上……

下课铃响了。还没等老师说"下课"，他立即把正在写字的笔一扔，书和作业本往前一推，一溜烟地跑了出去。

（三）观察时间：2006 年 9 月 13 日　上午第三节课

观察地点：教室

这是一节语文课。课堂很活跃，问题一出来，孩子们都把小手举得高高的。我叫了坐在前排的小个子欧阳。欧阳的回答很精彩，我和同学们都情不自禁地为她鼓起掌来。坐在后排的宁宁很不甘心地放下自己的手，突然冒了一句让我们窒息的话："欧阳，你妈的×，那是老子要说的！"声音之大，穿过所有的课桌椅，传进每个孩子的耳朵。顿时，全班同学都惊讶得张大了嘴，目光齐刷刷地投向了他。

"好野蛮哪！"

"这种话你也说得出口！"

"老师，宁宁是小流氓，我妈妈说了，小流氓才说脏话。"

"太没有教养了！"

"……"孩子们七嘴八舌地议论起来。

一种无法抑制的愤怒让我差点失去理智。一直以来，我们都特别重视学生的文明礼貌教育。从孩子跨进校门的第一天起，就要求讲普通话，平日在校园里连一句方言土话都难得听到，更不要说是脏话了。可他，竟然在课堂上这样毫无遮拦地骂起人来。而骂人的原因仅仅是别人的意见和他一致。我生气极了，一句话也说不出来，眼睛直直地盯着他。也许是我的眼光让他有点害怕，也许是同学的议论让他难堪。众目睽睽之下，他的脸开始红了，可嘴里还在狡辩："谁让她把我要说的话说了呢。"不过，这时他的声音已经很低很低……"下课后我找你！"我从牙缝里挤出几个字，然后转过头来对班上的孩子们说："你们都是聪明的孩子，能够明辨是非，分清好坏对错，是好孩子。宁宁刚才的做法极不文明，老师很生气，但不能让他影响了我们上课。我们继续上课，好吗？""好！"孩子们迅速坐好，我也调整状态，课堂重新恢复了刚才的生机与活力。宁宁有点没精打采了，眼皮耷拉着。我走过去拍了一下他的头，轻轻地说："如果不认真学习就是错上加错了。"他抬起头来看我一眼，我似嗔非嗔地看着他，同时对他点点头。于是他也对我点点头，把腰板直直地挺起……

（四）观察时间：2006 年 9 月 15 日　早上 8：00

观察地点：办公室

早晨，我和几个先来的孩子在办公室里做清洁。宁宁非常积极地跑过来帮我擦办公桌。这时，他看见了我桌上的一支红色圆珠笔。

"嘿，这是我的笔！"他边说边把笔拿了起来。

正在旁边擦饮水机的思思听到了，抗议地说："那不是你的笔，是我的！昨晚我借给叶老的。"

"就是我的！"宁宁立即一副很凶恶的样子。"难道只有你才可以买，人家不可以买嗦！这支笔就是我的，我的笔不见了！"

"这支笔是思思的！是我陪她去买的。"菲菲过来为思思作证。

"呸！是她偷我的！这支笔就是我的，我的笔跟这支一模一样！"

这时，一向文静秀气的勋勋走过来，她是宁宁的同桌。她说："宁宁原来有一支这样的笔，但早被他弄丢了。这支笔是思思的，思思买来还给我看了的。"

我说："宁宁，市场上同样的商品很多，咱们可不能看到相同的就说是你的，更不能随便用'偷'这个词，你说呢？"

"不，就是她偷我的！"他蛮不讲理地继续吼着，眼泪开始在他的眼眶里转。同时，他还跑过去指着思思的鼻子说："就是你偷我的！"

思思气得"呜呜呜"地哭了起来。宁宁的声音比刚才吼得还要大。而且，一串一串的眼泪已顺着他的两颊流了下来。

看他那样子，一定是钻到牛角尖里了，一时半会儿肯定是转不过弯了。我又好气又好笑。一边安慰思思，一边对宁宁说："好了，好了，我知道了！该读书了，赶快回到座位上把书拿出来吧。这件事情下课再说。"

……

叶老师：这是我对宁宁刚转入我们班后的开学前两周的行为表现所作的记录。它既是我最初确定这个小专题研究的原因，也为我后来的研究提供了真实的客观的素材，对我的研究起到了很大的作用。在研究中期和后期，我采取了很多有针对性的措施，也同样进行了跟踪观察。这个孩子的行为表现目前有了很大进步，虽然要改变一个人的性格是非常困难的，但我相信自己的努力最终会得到回报。

李明：我真为叶老师的行为而感动，我觉得一个老师可以这样用心做研究，用心做教育，还有什么问题不能解决呢？

个案点评

在这几则观察日记中，我们可以看出叶老师是如何通过观察选定宁宁这个特殊的研究对象，并通过观察了解到宁宁的特殊个性和外在表现，这在研究的前期非常重要。叶老师以观察日记的形式对宁宁的个体行为现象进行持续的跟踪观察，并尽可能详细地记录其行为表现，以便收集到更为全面、更加翔实的信息资料，使自己能够对宁宁的某些特殊行为进行概括和梳理。如果结合对宁宁的家庭的调查访谈，就可以进一步对宁宁的行为进行综合分析。因此，叶老师对宁宁的观察日记记录对她采取相应的有针对性的研究措施起着至关重要的作用。

程玲：由此可见，观察法真是一种非常重要和有效的方法。请问各位老师，运用观察法进行研究，基本步骤是什么？

叶老师：其实，从金老师的跟踪观察记录表中，我们就可以窥见其中奥妙了。

观察法的一般步骤有：（1）明确观察目的和意义，即在观察中要了解什么情况、收集哪方面事实材料；（2）确定观察对象、时间、地点、内容和方法；（3）收集有关观察对象的文献资料，并进行阅读分析，对所要求的观察条件有一定的认识，为观察做好充分准备；（4）编制观察提纲或制订观察计划，包括观察目的、观察重点和范围、观察的项目、观察过程、注意事项等；（5）进行有计划、有步骤、全面而系统的观察；（6）资料收集记录；（7）分析资料，得出结论，进而开展研究。

班主任吴老师：谢谢各位老师的精彩讲解。前两次学习的问卷调查法、访谈调查法和我们今天讨论的教育观察法，都是行动研究的重要方法。行动研究是小专题研究的重要特征，运用科学的研究方法，在行动中不断进行观察、反思、改进、再观察、再反思……老师的研究能力一定会在观察中、在研究的行动中螺旋上升，真正提高我们的教育研究水平，进而提高我们的教育教学质量！

温馨提示

通过以上教师之间的交流，你至少可以知道：

1. 观察的主要要求：准确，即获得相对比较确切的资料，符合观察对象的实际情形；全面，即注意观察与观察对象密切相关的整体状况；具体，即观察要细致入微，注意细节；持久，即观察要长期持续地进行，追踪事情的发展过程。

2. 观察记录要保证及时性、真实性、完整性、顺序性和连续性。

3. 记录的语言尽量具体、清楚、实在。

4. 观察报告撰写格式：（1）研究背景或目的；（2）研究方法与对象；（3）研究结果与分析；（4）思考与建议。

本章作者：

陈利，小学高级教师，成都市锦江区教师进修学校发展研究室副主任，市优秀青年教师、市优秀研究人员、区学科带头人。曾参与国家级、省级、市级多项课题研究，主研课题分获省市基础教育改革成果的不同奖项。撰写的多篇论文分别发表于《教育科学论坛》《四川教育》等杂志上，有三十多篇论文分获省市区不同奖项。

田燕，成都市锦江区教师进修学校发展研究室教研员，小学语文高级教师，区优秀青年教师。曾多次参与全国教育科学规划办"十五"课题、中国教育学会和成都市"十五""十一五"课题、四川省普教资助金项目课题研究，对区域性课题进行管理指导，先后担任其中多个课题的主研教师，荣获四川省教学成果三等奖、四川省第三届基础教育课程改革优秀成果三等奖、成都市首届基础教育课程改革一、二等奖。

第五章　小专题研究的实践反思

　　邓晓璐老师是一名任教三年的小学英语教师，担任了学校低段的英语教学工作。作为一名年轻老师，晓璐的干劲很大，希望能把自己在大学学到的知识更多地运用到工作中。带着这种激情，晓璐精心设计教案，认真组织学科实践活动，希望孩子们能学到更多的知识。可结果却不尽如人意，孩子们的英语听说能力的提高有限。这是什么原因呢？是自己的教学行为出了问题，还是哪些教学环节出现了重大的偏差？晓璐非常疑惑，为了解开这个疑惑，她对学生在课堂和课外的表现进行了调查和观察，以便对自己的教学行为进行改进。在回顾自己的教学行为的过程中，晓璐发现：课堂中学生虽然也进行了大量的口语练习，但课后学生真正能使用英语进行交际的却不多。通过与学生家长的交流，她发现，学生在课外很少用英语去描述身边的事物，也很少用英语进行交流。这样一来，虽然自己精心设计教案，组织学科实践活动，可却总收不到预期的效果。

　　带着这个问题，晓璐请教了教研员石老师，在石老师的指导和建议下，晓璐和石老师联合开始了"提高小学低段学生简单英语口语表达能力"的小专题研究。以下就是他们的研究方案：

"提高小学低段学生简单英语口语表达能力"方案（节选）

研究内容：

　　1. 课堂中如何有效地创设情境，引导学生将所学知识与生活结合。在教学中，教师不可能将真实生活情境搬入课堂，但能模拟真实情境，创设接近生活的真实语言环境，这有利于学生理解和掌握单词和对话的内容。进行扎实的机械训练；创设情境，提升意义；体验情境，并在交流中运用。比如课堂中的 Duty report，让孩子报告当天的日期，昨天自己做了什么，今天的打算等，让他们能结合周围的生活使用自己已经学到的语言。

2. 课外活动中如何让孩子克服怕出错的心理，培养孩子敢于开口大声说英语的胆量和习惯。教师对学生交际中的语法错误，应注意策略，不让学生产生畏难情绪，不挫伤其积极性为原则，尽量"忽略"学生的错误，采取鼓励、肯定的态度纠正其错误，消除学生怕犯错误而不敢开口的心理焦虑，使之经常不断地获得成功的愉快体验，增强口语表达的自信心和愿望；提高学生在课外用英语去描述身边的事物，用英语进行交流的能力。课外活动是课堂教学的延续，组织形式多样的课外活动能够使学生的英语交际能力得到持续发展。如开设英语角、英语兴趣小组，开展各种英语竞赛和表演类的活动，都能使学生兴趣盎然，既听又说，让会话能力得到提高。

3. 引导学生寻找课堂以外的身边的英语。现在的英语杂志、电视节目非常多，其内容贴近儿童心理，画面精美，更能吸引孩子们的注意力，增进交际兴趣，提高模仿和交际能力。其实在我们生活的地方，随处都有英语的身影，如果能引导学生寻找身边的英语，对他们的学习是十分有利的。

在研究的过程中，晓璐开展了大量的课内外活动，如课堂内的"free-talk"，实践活动"英语角"等等，日子过得紧张而充实。两个月过去了，这天，晓璐接到了学校教科室的通知，要求每个小专题都要进行阶段研究的反思。晓璐得知这个消息，一下子茫然了，工作做了这么多，做完了以后也会在心里总结评价一番，而反思应该怎么做呢？带着这个问题，晓璐找到了同在进行小专题研究的成都市盐道街小学的朱义蓉老师，四川师大附属实验小学的黄伟、柳舒老师，和平街小学的徐莉老师，成都师范附小的王霞老师。

一、对研究的问题进行反思

问题信箱

邓晓璐：朱老师，我的小专题研究已经开展两个月了，现在我需要对自己的研究进行反思，可我不知道怎么去反思？

朱义蓉：晓璐你好，我和你一样，在小专题的研究过程中，也在进行着反思。我看是不是这样，我把我的做法和你交流交流。其实，教育反思的实质就是自我批判——自己与自己对话，并借助自我对话来检讨自己、改善自己，它是教师个人"专业自修"的一种方法。下面我就自己在课题研究中的一个教学情景所做的反思和你交流交流。

（画外音：这里提到的反思是狭义的教育反思，指的是教师以体会、感想、启示等形式对自身教育教学行为进行的批判性思考。）

交流平台

由课堂游戏引发的思考

在进行"创设活动以培养学生用英语提问的习惯"这个小专题的研究过程中，我有意识地设计一些小游戏培养孩子们用英语提问的习惯。比如在游戏中设置悬念，引导孩子们用英语提问来释疑；又如将孩子们分成几个组，就同一话题或者是类似的材料提问并回答，提出不同的有意义的问题多者为胜。类似这样的游戏由于带有很强的趣味性和挑战性，孩子们总是乐于参与，同时在活动时协同配合，使不同层次的学生都有收获。

在教授方位介词之后的一节练习课中，我进行了如下一个小游戏，收到了意想不到的良好效果：

我先将孩子们分为 Hamburger team 和 Icecream team。两个组的孩子对这两个名字非常满意，从一开始就兴趣盎然。游戏的方式是就书上一幅图轮流提问，由对方来回答。根据提问和回答的质量分别给予三、二或者是一分，最后分高者为胜。

在第一个班玩这个游戏的时候，刚开始孩子们都兴趣盎然，积极地举手，但是几轮问答下来，简单的问题都问完了，举手的人也就越来越少了，而其余的同学渐渐地显得不是那么专心了，因为他们已提不出问题，而此时能提问并回答的同学均为班上成绩比较拔尖的学生。他们提出的问题有一定的难度，一些学习困难的孩子听不懂。怎样让大多数学生都能参与进来并且使孩子们在游戏中保持兴趣，这是出现的第一个问题。

在第二个班玩这个游戏时，我提出了一个新的要求，即不论是提问或是回答，参与的同学都不重复，以求这样能让更多的孩子参与到竞赛中来。这样一来，学生的参与面有了扩大，但是新的问题随之而来：由于不能重复提问或回答，每个组都有一部分学习成绩不太好的同学参与进来，他们的问答在质量上有所下降，所以孩子们往往不能得到三分，只能得到两分甚至一分，其余同学对这个现象非常不满意，而且对没有得到满分的同学也不满意。怎样使更多的孩子参与进来并且能够正确地使用英语，这是出现的第二个问题。

在第三个班玩这个游戏的时候，我再次增加了一个步骤，即在学生明确游戏规则之后，给了学生几分钟进行小组讨论，讨论他们能提出的问题和预设问题的答案，并且在讨论中互相帮助，使一些开口困难的孩子在组里先学习。在游戏的过程中，我注意了对提问或是回答学生的掌控，即在游戏开始初期尽量请学习成绩比较差的孩子，这个时候提问的选择面大、比较容易，回答也相应比较容易。在游戏的中后期，能提的问题越来越少，这个时候就变成了两个组精英的比拼，孩子们对他们的争锋相对不断地鼓掌叫好。这时孩子们也提出了很多精彩的问题，比我课前预设的多出许多。

通过对游戏规则的修改，对学生困难的了解和引导，给予孩子们准备的时间，是这个游戏获得很好效果的保证。在整个游戏的进行过程中，不仅学生参与面大，而且从头至尾学生都保持了高昂的学习热情、团结协作的良好风格，同时思维的深度在两个组的交锋中也不断拓展，出现了很多精彩的问答。

所以，在日常的课堂教学中，只要善于总结课堂经验，善于想办法解决课堂中出现的问题，就可以使一节普普通通的课变得精彩起来，而更重要的是孩子们在精彩的课堂中所焕发出的活力将是他们学好英语、进行真实交际的良好基础。

（画外音：朱老师用三节平行课，对课中使用的主题游戏进行了"实践—调整—实践"的反思，在平行课中检测反思与调整的效果。这种反思称为即时反思，即教师在教育教学活动结束后立即对活动过程中的现象、问题或活动的成效等进行反思。这种反思紧跟教育教学活动进行，反思者可详尽地回想活动的场景等细节，对活动本身做出分析和评判。）

邓晓璐：从朱老师的反思中，我看到你以课例作为反思的对象，对其中的主题游戏的每个步骤做了仔细的观察和分析，对游戏规则的设置不断进行了调整。

朱义蓉：对，在研究中对课例进行反思，是在研究的微观层面进行的教育反思。在此过程中，通过对游戏的观察，我看到了游戏规则合理与不合理的地方，针对有碍教育教学目标实现的规则，我及时进行了更改，并在一连串的教育行为即平行课中不断去实践，去改变。对这个过程的记载，正是我对课题进行的反思与调整，不仅充实了我的小专题研究，也让我事先确立的教育教学目标得以更好地实现。

邓晓璐：在朱老师的这个反思中，我明显看到了及时性和针对性在课后反思中的两大特点。

朱义蓉：是的，及时而又有针对性地课后反思能不断增加研究行为的可行性，让研究的味道越来越浓。反思将老师有意的教学行为和教学智慧做了忠实的记载，其作用是实现良好教学习惯、教学行为的动力定型，以便于在以后相似的教育情境中节省大量的思考和准备的时间。

邓晓璐：谢谢朱老师，听了你对这个课例进行课后反思的及时性和针对性的理解，我很受启发。我打算首先对我的一些典型教学行为进行反思。例如：

在一次英语课上，我正在教字母与发音"Now，look at this card，boys and girls. This letter is M [em]. Read after me..."学生（坐在座位上插话）：老师，我见过这个字母，我的这件衣服上就有（他挺得意地指着自己的衣服，大声叫道）！

我惊奇地看着他，稍停片刻后说道："Let me have a look."（在该名学生的衣服标签上看到字母 M）。我高兴地对全班小朋友说："这位小朋友真仔细，能在衣服上发现英语字母！Let's say：Excellent! 其实，在我们身边有许多英语字母。这个字母 M 表示这件衣服是中号（认读这个字母），大号的就用我们刚学的字母 L（出示字母 L 让学生复习）表示，小号的用字母 S 表示。在平时的生活中，你看到过英语字母吗？现在我们就做一个'找字母'的游戏好不好？"

顿时，教室里热闹起来。不一会儿，衣服、书包、文具盒……教室里学生能见到的字母不管学过还是没学过的，都被找了出来。

一节英语字母教学课，由于学生打岔，变成了一节"找字母"的活动课。学生们在这精彩的一瞬间，不仅复习了已学过的字母，更对未学的字母有了第一次的亲密接触。他们在活动中热情高涨，那些让学生觉得枯燥无味的 ABC，在搜寻的过程中与学生亲近了，学生对它们也不感到陌生了。

我们知道，小学生的表现欲望强，自控能力差，有了自己的想法马上就要说出来，所以，插话就成了小学课堂中常见的一种现象。许多教师对这种状况深恶痛绝，他们对插话的学生轻则不予理睬，重则以学生破坏课堂纪律为由大动肝火。然而，我认为插话恰恰是一种可贵的教学资源，它表明学生在认真听、积极想，它既是灵感的一种表达，又是顿悟、创造性的一种表现。上述案例中所描述的现象，那位学生见到字母 M 时，产生了一种似曾相识的感觉，所以不假思索地说了出来。如果老师没有发现这个闪光点，反而责备学生的话，这位学生肯定会没精打采地上完这节课。本来兴冲冲地想表现一下自己，却被当头浇了一盆冷水，一个幼小的心灵就可能会受到了一次沉重的打击；同样，如果教师处理不当，无形中还会扼杀学生自由发表自我见解的能力，这样，一些有价值的见解会因此而束之高阁。长此以往，又如何体现以人为本的教育思想，如何实施素质教育，如何体现教学民主呢？

个案点评

邓晓璐老师的这一反思，也是针对微观教学行为的教学反思。通过对学生"插话"的机智处理，将一个学生的虽无心，但可能对课堂教学起破坏作用的行为进行了正向引导，"将计就计"，利用"插话"设计了新的教学活动，将课堂气氛推向了高潮。在课后进行的反思，及时回顾，肯定了自己的做法，正面促进了自己的教学行为。

对于中小学教师来说，他们经常反思的内容更多的是指向于自己实施的教学活动，对自己在教学活动过程中所发生的"行为与效果"进行一番审视与分析。从朱老师和邓老师对课堂细节的反思中，我们能领会到微观教学的课后反思应具有及时性、针对性的特点，及时反思可以及时对自己下一步的教学行为进行调节，使之更符合教改的要求。

朱义蓉：除了对微观的常规教育教学行为进行及时反思，我在课题研究中，还对那些由我单方面预设并投放到课堂中去的一些教学改革因子进行了反思。如我对自己预设"值日生报告"这一教学改革活动进行了如下的反思：

问由疑生，使英语问答具备真正的交际意义

——值日生报告的启示

随着小专题的实施，我也在给学生提供更多的交际机会、提问机会，不断改变着自己的教育教学方法。根据学生实际，我开始引导孩子们在每节课开课前五分钟内做值日生报告。

一次值日生报告包括三方面的内容：首先是由值日生同学向大家介绍自己的某一方面；介绍完后，第二步由值日生同学根据自己报告的内容向全班同学提问，以检测同学们是否听懂，是否实现了信息的传递；第三步则是由其他同学向值日生提问，问自己感兴趣的问题，或者是提问考考值日生，以实现信息反馈。预期通过这三步实现同学之间的信息交流。

刚开始学生的报告显得千篇一律，因为本期学习的第一单元是关于一周的日子介绍，所以孩子们的值日生报告也是把自己的生活从周一介绍到周日。而同学们对于值日生的提问也是千篇一律，几乎只有："What do you do on（Monday）?"所有的变化不外乎是把周一变成周二或是其他日子，而所问的问题都是值日生同学在报告中介绍了的。

这样的值日生报告存在着两点不足：第一，内容太单一，同样的主题，几乎同样的事情，只不过换了不同的人、不同的日子来做；第二，其他同学对值日生的提问是为提问而提问，因为问的几乎是值日生刚刚介绍过的，并非真正为解决心中的疑惑而问。这样的效果显然不是课堂上设立值日生报告想要达到的，孩子们表面上看起来是在提问、回答，但实际上并没有真正交流，即使提了问题也回答了，所交互的信息量也不会和值日生所报告的信息量有出入。

针对这两点不足，我再次对值日生报告提出了详细的要求：首先使孩子们明确值日生报告的内容是可以丰富多彩的，可以介绍自己、家庭、朋友，或者是自己的兴趣爱好，拿手的一件事，去过的一个地方，听说的一些故事等等。其次，做报告的孩子要有意识地给同学们留下提问的空间或

者是设置悬念，比如同样是介绍一周的安排，只介绍其中的一部分，而没有介绍的那一部分就是其他同学提问的空间。第三，提问的同学要注意认真聆听同学的介绍，不要为提问而提问，尽量不要问值日生同学介绍过的一模一样的内容，一定是就自己有疑惑或者是感兴趣的方面提问。

通过一段时间的实践，值日生报告的水平和提问交际的水平有了明显的进步。值日生报告的话题变得丰富了，有介绍自己的家庭，介绍父母的喜好、工作的，有介绍自己的房间，介绍自己爱吃的食物，介绍自己一天的生活的。提问的内容也涉及了方方面面，包括喜欢的颜色、食品、运动、音乐、家庭成员，某个时间的安排，甚至国籍等等。学生的思维开阔了，他们之间真正实现了一定的信息交流，孩子们开始用英语进行交流，英语也逐步进入了他们的日常生活之中。

但这个时候新的问题又出现了，孩子们有很多想要表达的内容，由于词汇量少，平时提问的机会比较少，表现出想说说不出，想问问不了的现象。针对这个问题，我领着孩子们对学过的知识进行了梳理和归纳，整理了所学的动词短语和问题，并对相关知识进行了拓展，引导孩子们举一反三，鼓励他们互相学习、取长补短。这样一来，孩子们提问的质量和数量有了明显的改进，使值日生报告的交际功能得到了较好的体现。

培养孩子们用英语提问的习惯不是一朝一夕能完成的，而是一个长期坚持、点滴渗透的过程。在这个过程中，教师要帮助孩子们克服困难，同时也要让他们体验到成功和实效性，只有从孩子的心底产生出交际的愿望，才能真正使交际变得有意义，这才是我们学习英语的最终目的。

邓晓璐：朱老师，我明白了。和朱老师一样，我也在自己的研究中投入了一些以前没有的活动，在活动过程中我也有很多感想。下面就是我在教学研究中的具体做法和思考：

快乐英语角，让所有孩子 Happy English

在课题研究过程中，我们试图通过搞一些活动来提高学生的受益程度。如在学校小花园处设置"英语角"。活动内容可由英语老师设计，如游戏、表演、自由对话……也可由学生自主设计安排。这无疑是给一部分学生提供了很好的机会，但是对于一些学习本身就有困难的学生来说，很难调动他们的积极性。作为老师，我们不想使这一部分学生成为局外者，却也想不出更好的办法让他们参与到活动中来。但是，如果所有的英语课外活动仅仅是为优生开展，而没有面向所有的学生，我们的课题研究也就失去了意义。

经过反复的讨论与思考，我们对英语角活动做了以下调整：

1. 分年级进行，要求每个孩子尽量参与。

2. 适当降低难度，由优秀学生组织，充当"英语小博士"，带领其余学生开展英语角活动。

3. 每次英语角活动确定一个话题，如文具、颜色、动物……由"英语小博士"为其余学生出题进行对话闯关，对闯关成功者给予奖励。

由于适当降低了难度，加上小奖品的诱惑，孩子们都积极地参与"快乐英语角"的活动。当很多学习有困难的孩子高举奖品，冲着我挥手欢笑"Miss Deng！我也得到奖品了"的时候，我打心眼里高兴。因为，Even a small star shines in the darkness.（星星再小，也会发光）但这个时候新的问题又出现了，孩子们由于词汇量少，在很多话题的交流时只能说出三四个单词。针对这个问题，我带领着孩子们对学过的知识进行了梳理和归纳，整理了所学的词汇种类，并对相关知识进行了拓展，鼓励孩子们互相学习、取长补短。这样，具有挑战性、趣味性、难度适中的英语角活动受到了学生们的喜爱，活动开展得十分顺利。

个案点评

小专题研究的本质是研究，虽然这种研究也是由教师的日常教育教学行为构成，但是，其研究的特点注定了在过程中研究者会有意识地投放一些和常规教育教学行为不完全相同的改革因子，产生一些以前没有的教改行为，如朱老师的"值日生报告"，邓老师、石老师的"快乐英语角"。因此，对这些改革因子的反思正是突出了"教师研究"中"研究"的特点。对这些有别于教师的常规教育教学行为的改革因子的科学性和有效性进行反思，无疑是教师研究中很重要的内容。以上三位老师的反思案例正好体现了这一点。从以上案例中我们看到，教师在小专题研究开始之前所进行的方案设计，可能会在实践中被证明行之无效或效果不好，这就需要研究者认真反思自己的方案是否科学合理，是否符合研究对象的实际并能够加以实施。只有进行这样的反思，并在反思之后及时调整原来的设计方案，才能真正改进教育教学行为，使之产生与研究教师的愿望相一致的效果，也才能使研究得以深入开展下去。

二、对研究的过程进行反思

问题信箱

邓晓璐：黄伟老师，我的小专题研究进行两个月了，如何对这两个月来的研究过程做个反思呢？

黄伟：晓璐你好，我和你一样，在小专题的研究过程中，也在进行着反思。我看是不是这样，我把我和柳舒老师的做法和你交流交流。我和柳舒的课题是"小学语文中低段练习改革与创新作业设计研究"。我们的做法是想通过研究，突出实效性，对作业设计意图进行分析，进一步明确练习设计的目标与出发点；还想通过研究，突出研究的创新性，探索作业改革的形式、内容、要求及多元化评价方法；最后，还想通过研究，激发学生的积极情感、态度、价值观，让作业不仅有效地促进学生的学业成绩，而且能使学生的自主精神、创新意识、实践能力得到明显的提高，促进学生和谐全面的发展。在研究的过程中，我们对差异化练习设计、开放—活动型练习设计、综合性练习设计、趣味型练习设计、小组合作式练习设计、突出实践性练习设计、自主性作业的创造性练习设计、亲子共读练习设计、研究性作业练习设计共九个研究点进行了研究。在每个研究点上，我们都对学生的练习情况进行了反思。例如：

小学低、中年级语文作业与练习中自主探究的实践方法实验反思

一、目标

学生能主动地进行探究性学习，在实践中学习、运用语文。将自主探究引入到学生课外的作业与练习之中，激发孩子们的乐学意识和进取精神。

二、方法

老师布置的学习任务和学生的自主探究性学习相结合，尊重学生，让学生运用自主、合作、探究的学习方式。

三、实践活动

（一）绘画日记

年级：一年级

准备：学生自己准备一个大图画本。

内容：每周画、写1～2篇图文并茂的"绘画日记"。

说明：写，对一年级小学生是有难度的。比较而言，孩子们更喜欢画画，因此教师为孩子们开辟了一块自由表达心灵的天地，让他们尽情地表达自己的情感。然而，学习语文，一方面是培养学生学会表达，敢于表达，乐于表达；另一方面是引导学生学会通过语言文字表情达意。为此，教师要在学生画完画后，指导他们用简短的语言对画面内容进行文字介绍，这样便能达到一举两得的目的，使学生在充分表达情感的同时学会运用语言表达的方法。

一年级学生天真无邪，每天围着老师说个不停，有发生在学校的事，家里的事，还有社会上看到的事……他们想倾诉的东西太多了。"绘画日记"恰好给他们提供了倾诉的天地，也改变了学生的作业方式，让他们爱不释手，变"老师让我写"为"我要写"。

"绘画日记"是培养孩子独立个性的有效途径。因为"日记"内容是没有限制的，写什么、画什么、用什么色彩、写多少字都没有限制，就是一句话"以你喜欢的方式表达你的心声"。

从孩子们的日记来看，形式各种各样，有用彩笔浓妆艳抹的，有用铅笔淡淡素描的；篇幅也有长有短；有写同学间交往的，有写家庭生活乐趣的，还有写公共场所的所见所闻的。这就是他们的个性，这就是他们的爱好。给孩子们自由，是老师对孩子的理解，也是对孩子们的最大帮助。这虽然加重了教师的负担，但效果却非常明显。实践证明，这一大胆的尝试被孩子们接受了。

"课程改革下的习作，对于低年级学生应该是乐写；中年级学生应该是自由写；高年级学生应该是能够写。"《语文课程标准》中也针对不同的学段分别提出了"写话、习作、写作"的不同名称。由此不难看出，新课改对于习作的要求不仅是有梯度的，还要求我们在起步阶段为学生的自主写作提供有利条件和广阔空间，减少对学生写作的束缚，鼓励自由表达和有创意地表达。兴趣是最好的老师。在低年级，教师应该尽可能地采取一切措施培养孩子乐写，实践证明"绘画日记"的确是一个有效途径。

此外，由于学生年龄小，知识水平有限，遇到不会写的字只能用拼音代替，这无形中增加了他们练习拼音的数量，提高了拼写的熟练程度，"绘画日记"成了学生复习、巩固拼音学习的有效途径。由此看来，这种作业形式，不仅很好地激发了学生进行自主学习，而且有助于提高语文的学习效果。

（二）我是"每日之星"

年级：各年级

准备：学生自己收集、整理、组织语言，选择表现方式。

内容：新闻、趣事或向同学们介绍一个自己总结的学习方法。

说明：课堂时间十分宝贵，而课前3分钟更是宝贵，教师如果能抓住零碎的时间，不仅能提高学生的学习兴趣，更能锻炼学生各方面的能力。例如，教师抽出每天早晨或下午的零碎时间，让孩子们开展"我是每日之星"的活动。这样的练习形式，可以促使学生们相互沟通，彼此启发，并且有了一个向同伴展示自我的机会，在很大程度上使学生学会了如何有效收集资料，如何选取资料，并在此过程中培养了学生自主探究学习的能力。

这样的练习既增长了孩子们的知识、开阔了眼界，又提高了他们的记忆、理解、口头表达等能力，同时还使他们养成了良好的学习习惯。

这种练习由学生自主命题，他们可以根据自身的爱好和兴趣，充分发挥其主动性，满足其好奇心、求知欲，在自主探究之中使自己各方面的能力得到锻炼。

（三）自己设计作业

年级：各年级

准备：学生根据当天的学习内容，明确自己设计作业的目的。

内容：每天课外的作业。

说明：学生自己设计作业，是教师对作业改革的大胆尝试之一。要求是内容和形式不拘一格，自由发挥。例如，在一年级时，学生有这样的设计：把今天学过的课文内容用自己的理解画下来；学完汉语拼音之后动手设计小房子，让拼音朋友按声母、韵母、整体认读音节分类找到自己的"家"；给字形相近的生字宝宝排序等等。到了三年级，孩子们已经能够从自己的兴趣出发，根据学过的课文内容来尝试练笔了。

这种作业形式架起了一座师生间交流的桥梁，使教师可以了解学生对知识的掌握程度。学生课后广泛阅读，在家长的帮助下收集材料，真正体现了"在生活中学习语文"的新课程理念。学生通过动手动脑设计出这样的作业，不仅提高了分析问题、解决问题的能力，而且充分发挥了想象力和创造力。但在实践中，我们也发现一年级学生年龄尚小，不太适合长期（每天）做这种作业练习，因此，不定期地让孩子们"自己设计作业"，改变一下作业形式，会收到良好的效果。

此外，无论是新知识的预习还是旧知识的复习，教师都要尽量引导学生去发现或在老师、同学的帮助下获得知识，这样师生、生生都互动起来了，也体现了学习方式的转变。

四、教师小结

这个过程既是引导学生进步的过程，也是提高教师自身水平的过程。虽然学生会犯这样、那样的错误，但是教师看到他们在自己的教育下取得进步，哪怕只是一点一滴的进步，都是非常愉快的。在今后的工作中，我将继续这一课题的探索，通过语文作业与课内外的练习，从内容到形式的改革来进一步落实自主探究式学习这一理念，真正实现学生学习方式的转变，以知识为基础，以学法为中介，以情感为动力，使学生逐渐获得正确理解以及进一步运用语文的能力。

个案点评

教育反思既是一种科研方法，又是一种对教育、科研行为进行总结和表达的方式。在黄伟老师的小专题中，他说道："通过对自主探究式作业的设计，让学生、家长和老师一起共同设计作业，激发了学生的兴趣和参与性，真正体现了'在生活中学习语文'，而且学生通过动手动脑设计出这样的作业，不仅提高了分析问题、解决问题的能力，而且充分发挥了想象力和创造力。"这些结果就是对作业设计的梳理和总结。不仅如此，黄伟老师还在研究过程中发现"一年级学生年龄尚小，不太适合长期（每天）做这种作业练习，但不定期地让孩子们'自己设计作业'，改变一下作业形式，会收到良好的效果。此外，无论是新知识的预习还是旧知识的复习，教师都要尽量引导学生去发现或在老师、同学的帮助下获得知识，这样师生、生生都互动起来了，也体现了学习方式的转变"。这些分析就体现出反思最大的特点，即是在一段实践行动和观察分析后作出的思考，具有一定的纠错和批判的性质。它是对某个教育教学或科研行为的反思，对其中不合理的因子进行改革和调整，所以它既可作为研究第一个循环的结束，同时也意味着新的、更合理行动研究循环的开始。反思的目的就在于寻求行动或实践的合理性。

王霞：和黄老师一样，我的阶段性的反思，也是以一个活动主题在一段时间后的效果为对象进行的。例如：

预习卡的制作

——小学四年级语文预习的有效性研究阶段反思（节选）

在研究的实施初期，按照最初的课题研究思路，我们投放了自己制作的"预习卡"，为了了解学生们使用预习卡的效果，我们又设计了对课前预习的问卷调查。

1. 设计调查问卷

我们以四年级学生为对象进行预习的实施。在实施以前，我们就学生在家预习情况向家长做了一次问卷调查。问卷内容包括对预习的作用所持的看法、预习的方法、在预习中易遇到的问题及家长对孩子在家进行预习的看法几个方面。

2. 对调查问卷的分析（略）与反思

通过对问卷的分析，我们看到了使用预习卡让学生们的学习发生了一些变化：增强了学生学习的目的性，学习的积极性有了提高，课堂听课效率有了明显改善；大多数学生已经逐步养成了良好的学习习惯。

但是，通过调查也暴露了以下问题：

（1）教师缺乏系统性的检查、评价

评价可以使学生在语文课程的学习中体验成功与进步，认识自我，建立自信，使教师获取语文教学的反馈信息，对自己的教学行为进行反思和适当调整，以促进教师不断提高教育教学水平。没有检查，在预习过程中有些暂困生，甚至是绩优生都产生了预习可有可无的思想，这也直接反映到学生的课堂表现上，学习效果可想而知。因为没有评价，学生缺少预习的动力。

（2）缺乏与家长的互动

家庭是孩子的第一学校，学生大部分时间都在家中度过，而小学生的自觉性本身就差，能自主学习的只占一小部分，教师和家长缺乏联系是造成学生不能有效学习的重要原因。

通过调查，我们发现了问题，并且对我们的小专题研究做出了如下的调整：

对课前预习卡的制作进行研究；

对学生完成课前预习卡进行指导；

对课前预习卡价值的充分运用进行研究。

（画外音：在教师的小专题研究过程中，对课题进程的反思与调整更多地表现在通过教师的反思，对研究的思路和内容进行优化。这种优化可以是在预设基础上的修正，甚至还会是对不合理或可行性欠佳的内容进行大的变革，如摒弃"假问题"，梳理出"真问题"，导致研究的方向发生较大的改变。）

3. 对前期"预习卡"的调研，我们发现了它在使用中有如下优缺点

（1）"预习卡"可引领学生自主学习

构建有效的语文课堂，首先应该从课前做起。以前我们提倡预习课文，但在实际的操作中，"预习"一词只成了教师的"作秀"，教师疏于指导，也懒于检查，学生自然也是敷衍了事，"预习"已经失去了它的实效。其实我们可以花费不太多的精力为学生设计一张"预习卡"，设计好预习路径，引领他们自主探究，这对有效提高课堂教学效益大有裨益。

设计这样的预习卡，既激发了学生自主学习的兴趣，又为他们的自主探究指明了方向。课前的学习有效了，课堂中的学习自然会有效。事实证明，课堂上学生的参与热情高涨了，语言表达能力增强了，回答问题的质量提高了，创造性思维能力提高了，语文课堂也因此变得精彩起来。

（2）"预习卡"不能把目标定得过高、过多

"常规性"课前预习卡有它使用的突出优点，但是在使用一段时间后，我们也感觉到一些不足，比如，它涉及的内容比较全面，要求比较规范，忽略了不同文体的特点，可能对一部分学生造成了一定的负担。那么，该如何调整和改变呢？我们在听取了专家的指点后，对"预习卡"做了进一步的研究和完善。

4. 改进"预习卡"

首先，我们把"常规性"课前预习卡再精练、再整合，比如，不要一开始就要求学生把什么内容都理解完备，需要在今后继续整合。

把课文读正确，读通顺，把不会认的字读准。

你读懂了哪些内容？还有哪些不懂？提出自己的问题。

查找与课文相关的资料。

其次，我们在"常规性"课前预习的基础上设计了另一种"便签式"课前预习卡，使得预习卡的形式变得灵活多样，两种预习卡相互补充，有效地发挥了预习的指导功能。

便签式预习卡可以根据不同的文体进行设计，有表格，有摘录，有问答等。在具体设计的时候可以有所侧重：可以是重点在查资料，可以是重点在读书，可以是重点在文体，了解学情和需要等等。

最后发展到学生根据不同的文章、不同的文体自己设计预习卡。到这个阶段，预习卡已由最初靠教师指定内容、设定形式到学生自行研究，为学生提供了更大的自主性学习空间。

个案点评

在对教师研究的阶段性反思中，要特别注意具有鲜明问题意识，敏锐地捕捉到反思对象。有问题、有障碍才会有思考、有分析。教师在开展教育反思活动时，要注意形成自身的问题意识，要善于在稍纵即逝的现象中捕捉问题，在貌似没有问题的地方发现问题，发现问题后对问题进行筛选，以便找出对研究有最大影响的典型问题，并对这些典型问题进行分析，可以助推教师研究的步伐。如上例中王霞老师的"小学四年级语文预习的有效性研究"，投放的主要实验因子就是"预习卡"，因此对预习卡的有效性的研究就成了该研究中所有问题的重中之重。

邓晓璐：两位老师的案例让我看到了在研究过程中对阶段研究过程的反思，这对我的研究很有帮助。还有个问题，如果小专题研究进行了一个学期后再对课题进行反思应该怎么做呢？

徐莉：在小专题的研究一学期后，我们课题组召开了总结会，对一学期来的整个研究过程做了一个回顾。主要内容如下：

研究与收获，反思加调整

——"利用数学教材体现数学教学生活化的策略研究"反思

《数学课程标准》十分强调数学与现实生活的联系，不仅要求选材必须密切联系学生生活实际，而且要求"数学教学必须从学生熟悉的生活情景和感兴趣的事物出发，为他们提供观察和操作的机会"。在论述小学生的数学学习时，《数学课程标准》还强调"从学生已有的生活经验出发，让学生亲身经历将数学问题抽象成数学模式并进行解释与应用的过程"。这一要求在实践中受到了充分的重视，并被数学教育工作者概括为"数学生活化"。为此，本学年我校一至三年级数学教师，在教学中进行了"利用数学教材体现数学教学生活化的策略研究"的小专题研究。通过第一阶段的研究，我们认为，充分利用好教材这个课程资源，是实施数学教学生活化的重要途径。

（一）我们的研究与收获

1. 教师在以下方面做了探讨

立足现实，发掘教材中生活化的教学资源。对数学学习材料的发掘从以下两方面展开：其一，再现生活画面，用好教材。遵循这一理念，我们在保证科学性的前提下合理使用教材，给数学课本增加"营养"，体现教学内容的生活性。其二，联系教材，挖掘生活化的数学教学资源。具体有：（1）关注校园生活中的数学资源；（2）留心社会生活中的数学资源；（3）了解家庭生活中的数学资源。立足教材，让学生经历生活化的数学学习历程。具体有：（1）创设生活化的问题情境，让学生感受数学学习生活化；（2）补充教材中以"生活原型"为特征的资源，让学生经历数学学习生活化。

2. 学生在以下方面得到提高

能够明确数学就在身边，认识到生活中处处有数学。数学从生活中来，让数学问题贴近生活实际，使学生对日常的事物现象能够用数学的知识加以理解和运用；懂得了数学的价值，了解用数学方法来处理日常生活中发生的事件与现象的优越性，学生感到学习数学是生活所必需，是他们的内心需要，产生"我要学"的强烈求知欲。

（二）我们的反思

在第一阶段的课题研究过程中，学生的能力得到发展，教师的教学水平得到提高。在研究的过程中，尽管我们对教材内容进行了逻辑分析和价值分析，在一定程度上优化了教材内容，在呈现方式上也作了很多探究，但总觉得这种研究是浅层次的，只能对学生的视觉产生刺激，让学生感觉好奇，体会到生活中处处有数学。大多数学生在生活中不能够主动地从数学的角度去分析问题、解决问题。因此，我们认为利用数学教材体现数学教学生活化，只立足教材、挖掘教材中的生活化资源，让学生感受到数学的价值是不够的，还应通过拓展教材中与用数学解决生活中的问题有关的材料，开展生活化数学实践活动，才能真正培养学生自觉地应用数学解决生活中的问题的意识。

（三）下一步行动目标

拓展教材，开展生活化数学实践活动，培养学生的应用意识。

数学知识来源于生活，又应用于生活，在生活中有很多的教育资源可应用于学生的数学学习。经过实践，我们主要准备从以下方面进行探索。第一，课内数学实践活动生活化。学习数学，不能仅仅停留在知识的层面上，而必须学会应用。所以教师要善于把数学学习与学生的生活实际有机结合起来，努力让学生在现实生活中、在实践中学习数学，丰富数学知识。只有这样，才能使所学数学具有生命力，才能实现数学的价值。第二，课外生活问题数学化。做一做，指导学生利用数学知识学会生活；找一找，培养学生从数学角度观察生活的意识。生活本身是一个巨大的数学课堂，生活中客观存在着大量有价值的数学现象。教学活动中，让学生从买东西、玩、家庭生活等多方面去"找"数学，能促使学生更加主动地用数学的眼光去观察生活，去思考生活问题。

我们坚信：只要教师做到数学与生活的有机衔接和交互，把生活数学提炼成文本数学，使封闭的文本文化和学习过程转变为开放的、活生生的、与社会生活紧密相连的自我发展过程，那么我们的数学教学就会更加具有生活的味道，就定能成为一个有血、有肉、有灵魂、富有生命活力的整体。

个案点评

从徐、张二位老师的小专题反思中可以看出，系统性反思是对整个行动研究过程的系统描述，即勾勒出从确定问题到制订计划、从采取行动到实施考察的整体图景。反思是对行动研究的过程和结果进行判断和评价，并对有关现象和原因作出分析和解释，找出计划与结果的不一致性，进而确定原有的研究问题、研究计划和下一步的计划是否需要作出调整，以及需要作出哪些调整。

偶尔的反思并不困难，也是绝大多数教师能做到的，但持续不断地系统反思却不见得是每个人都可以轻易做到的。作为研究的反思，应该是持续的、不间断的、系统的，它摆脱了零散片段反思的状态，将反思渗入教育教学及其小专题研究的全过程，从而在很大程度上保证了教育教学研究的针对性和有效性。并且，通过对研究的反思发现更多的、更准确的"真"问题，随着这些"真"问题的浮出水面，我们将研究的视角逐渐转到了这些问题上来，而最初的研究思路也就随之发生了变化。

三、对研究的计划进行调整

邓晓璐：徐老师的演示非常清楚，让我看到了一个课题研究的系统性反思的做法。

郑珺：是的，我和徐莉老师一样，通过对小专题第一学期的反思，我的研究思路和计划都做了调整。下面我就介绍一下我的小专题：

"问题解决"与"计算教学"融合的研究

新学期伊始，我们三年级数学组就在"计算教学"和"问题解决"方面做了详尽的前测分析，提出了探究"问题解决"与"计算教学"融合的实施策略的研究。研究初期，我们从情境教学入手，期望找到"问题解决"与"计算教学"的融合点；从计算的算法入手，将"问题解决"的方法指导融入其中；从计算教学的算理入手，渗透学生对数量关系的理解和掌握；从计算教学的练习入手，渗透学生对"问题解决"的判断、选择和分析能力的培养。

在上期的研究中，我们将重点放在对"问题解决"和"计算教学"融合的相关目标要求方面，积极从情境教学入手，寻找"问题解决"与"计算教学"的融合点。从目标来看，我们发现新课程"问题解决"却没有学段目标，没有课时目标，没有系统目标的安排，三维目标的设计缺乏系统性，在实施层面上便出现了教学目标虚化、弱化或不实现象。突出表现在：知识、技能目标，该明确的不明确；过程、方法目标，出现了"游离"的现象。为此我们在前期研究中对教材相关"问题解决"的内容，作出了系统的归类，并根据计算教学的进度，合理分布于各单元中，根据学生的年段特点确立恰当的目标要求，包括知识技能目标和过程方法目标，再配合以独立的课时进行教学。教师在教学中渗透计算技能训练的同时，也提出"问题解决"教学的过程、方法目标要有明确具体的指向。比如我在三年级"问题解决"的方法指导上就明确提出了分析解决问题应该采取的两种方法：第一种，采取联想的方法；第二种，根据已有数学信息得到数学问题。同时我们还提出"问题解决"分类复习，一定要有每一类复习课的分层目标，包括：基本目标、综合目标、发展目标。在复习过程中牢牢抓住自己的目标，循序渐进地完成。

"问题解决"目标的明确，为后面计算教学与"问题解决"的融合打好了基础。我们首先从情境入手，寻求"问题解决"与计算教学接轨的切入口。以"两位数除以一位数的笔算除法"为例，教师把分桃子的过程与竖式计算有机地结合，让孩子通过描述分桃子的过程来理解除法的算理，再以对分桃过程的呈现（算理理解）明确算法，最后将二者融会贯通，突破了计算的难点。初步有了成效之后，我们又从计算教学的练习入手，对学生进行"问题解决"的判断、选择和分析能力的培养；从计算教学中运算顺序的分析入手，对学生进行"问题解决"的方法指导。

在半年的研究中，我们初步寻找到了一些方法，但同时也感觉到了一些困惑和问题：比如在计算教学中还有没有其他有助于"问题解决"并与之融合的有效方法，如何让枯燥而抽象的算理和算法理解更加形象和具体等等。因此，在第二学期，我们又注意从类比迁移的思维方法入手，找"问题解决"与计算教学的融合点；从呈现"问题解决"的思维过程入手，将算法的理解融入"问题解决"的形象理解中；从操作活动入手，将"问题解决"蕴涵在算理、算法的理解和掌握中。

短短一年的研究，只能说是小有收获。在不断的反思中我们对"问题解决"又有了一些新的理解:"问题解决"在我们的研究中仅仅是一个教学内容或类型,而广义的"问题解决"还泛指思考的过程、教学形式、目的、数学能力等。因此,我们在深入思考后认为,在小学阶段,"问题解决"既是孩子需要达成的目标,又是孩子目标达成的过程,更是他们在不断的思考和目标达成过程中形成的数学能力。"问题解决"和计算教学的融合,不仅可以使"问题解决"作为一种过程和策略在计算教学中为学生提供一个发现、创新的环境和机会,提供提高计算兴趣和技能的有效情境;还能为教师提供突破计算教学瓶颈的策略和方法。其过程的新颖性、思考性和延展性,能培养学生思维的深刻性,进而培养学生"问题解决"的能力,同时也能提高教师教学中"问题解决"的能力。

邓晓璐:两位老师的阶段反思条理清晰明确,我想我的阶段反思可以借鉴两位老师的方法,这样来呈现:

"提高小学低段学生简单英语口语表达能力"的反思及调整

通过对低年级(1年级和2年级)学生较长时间的观察,我发现课堂中学生虽然也进行了大量的口语练习,但课后学生真正能使用英语进行交际的却不多。通过调查问卷与学生和家长们交流,发现孩子们在课外的确很少用英语去描述身边的事物,也很少用英语进行交流。我的小专题"提高小学低段学生简单英语口语表达能力"的研究也由此诞生。

我确定了两个研究阶段。最初是从情境教学入手,先扎根于课堂教学。孩子们只有在课堂上学懂了,掌握扎实了,才能进入第二阶段,在丰富多彩的课外活动中与同伴交流,展示自我。

在第一个学期的研究中,我将重点放在了课堂情境教学的创设中。现在的英语教材是分单元教学的,一个单元一个话题,单元之间的联系不是十分紧密。由于我教龄短,缺乏丰富的教学经验,所以很少去发现与挖掘单元之间的潜在联系,很少指导学生巩固复习旧知。在教研员石春蓉老师的指导下,我明白了,小学英语必须采用滚动性的复式教学。教学中的拓展不仅是横向的,还有纵向的。这个"纵向"必须包括对旧知识的拓展与复习。现在的英语课上,课前我会用3~5分钟的时间让学生进行 freetalk 的简单口语对话练习,复习旧知识;教授新课时,也尽量通过复习旧知识引入新知识，课后也有意识地与学生说英语，增强学生的运用意识。我还提炼整理出《小学生日常英语用语》，并在课内外对学生进行渗透。通过一段时间的教学，我发现学生敢于、乐于用英语去描述身边的事物，用英语进行交流了。

基础教育课程改革对身处改革一线的英语教师提出了新的要求，教师必须转变角色，调整教学策略；还要具备课程开发能力和整合能力，培养学生探究学习的能力，加强对新技能的学习培训。课外活动可以是课堂教学的延伸，如朗诵会、演讲比赛、实地调查、生活 Party 等等，都可适时地引入英语教学。语言教学是解决问题的一个过程。新课程改革强调学生运用英语做事情，在做事情的过程中发展语言能力、思维能力以及交流与合作的能力。语言学习要通过创设良好的语言环境和提供大量的语言实践机会，使学生通过自己的体验、感知、实践、参与和交流形成语感；学生在教师的指导下，运用探究性学习模式实现任务目标，感受成功。如果英语学习能够通过真实的丰富多彩的课外活动来进行，那么学生就能接触到更贴近学习实际、贴近生活、贴近时代的信息资源；学生的参与意识就会不断增强，交流方式也将由课内活动的单、双向交流，转为多向交流。所以，在第二个学期，我将研究重点放在了课外活动上。

课外活动的种类很多，但是不一定都适合低年级的学生。我根据我校学生的学习情况，制订了三种活动方案，目的在于营造学校的双语氛围，为学生创造良好的英语交流。

1. 学习语言，必须增强其学习的氛围

我们引导值周生早上用英语向老师和学生问好，让学生走进校园就被这双语氛围所浸染，处处体现了学校对学生的关怀、体贴，营造了一种温馨的双语文化氛围。

在我校活动区的长廊内制作英语展板，每月更换主题，展示学生英语学习成果。班级英语小贴士在教室内贴上相应的英语单词。

2. 学唱英文歌曲

教孩子们学唱课本以外的英文歌曲。利用广播站，每天早晨播放英语歌，营造一种温馨的双语文化氛围。

老师可以让学生编排一些比较简单的英语儿歌进行表演比赛，请其他老师和学生的家长一起来观看学生的演出，让学生在老师和家长的面前充分展示学习成果，体验能听懂、会说英语的乐趣，激发他们进一步学习英语的愿望。

3. 开展英语角活动

学校小花园处设置成"英语角"；在每周的适当时候，将全校的英语爱好者聚集起来，开展英语角活动。在活动中让学生按某个话题交流或是自由地说英语，鼓励他们多说，不要怕说错，以此达到训练说话的目的。每次活动都评出优秀参与者，给予奖励。

正当英语课外活动进行得如火如荼时，我发现学校有了学习英语、说英语的氛围，但是学生离开学校回到家后，这种浓厚的英语氛围就马上消失了。正如调查中所显示的，孩子很少用英语和家长交流。

原因在哪里？许多家长反映自己英语水平不高，有的甚至没有学过英语，无法辅导孩子的英语学习。针对这种现象，我觉得应该调整我的研究内容，如果能与家长沟通，让家长了解、支持学校英语教学，引导孩子们在家也能使用英语，那孩子们的英语学习将会有一个大的飞跃。所以，在原有课题研究的基础上，我加入了第三个研究阶段——家校携手，生活中学英语。

我常用《致家长的一封信》与家长沟通，给予家庭英语学习方法的指导，向家长推荐好的儿童英语书籍与电视节目，让孩子在家中也能经常接触到英语。现在的英语杂志、电视节目非常多，它们的内容贴近儿童心理，画面精美，更能吸引孩子们的注意力，激发交际兴趣，提高模仿和交际能力。其实在我们生活的地方，随处都有英语的身影，如果能引导学生寻找身边的英语，对他们的学习是十分有利的。

通过与家长的交流，我们发现很多孩子回家完成作业不是很主动，低年级的孩子自我学习的能力不强，听磁带、读书的作业都需要家长的监督。家长们反映说："孩子在学校听老师的话，回家就不是十分听家长的话，让他们多读一会儿书都不是十分情愿。"

怎样才能让孩子在家也保持学习的兴趣，变被动学习为主动学习呢？

为了让学生在生活中也能够大声开口说英语，做到学以致用，针对低年级孩子爱模仿老师的特点，我设计开展了"我是英语小老师"的亲子英语学习活动。让学生来当英语老师，每天教爸爸妈妈学习英语单词和句子，和爸爸妈妈一起唱英语歌，做英语游戏，把英语课堂搬到家里；并且让孩子对家长的学习情况予以评价，也请家长对"小老师"进行评价，评价以表格的形式来反馈，并请家长和学生记录本次活动的过程与感想。

这次亲子活动取得了很好的效果，通过家长的反馈和学生学习情况的反馈，我们欣喜地看到了孩子们的进步。"让每一个孩子在英语的世界里收获快乐！"我想这是家长和作为老师的我最想看到的。

短短两年的研究，只能说是小有收获。在不断反思与调整中我逐渐明白：英语学习过程是一种信息交流的过程，是师生、学生之间通过语言和各种媒介进行的认知、情感、价值观等多方面多层次的人际交往和相互作用的过程。培养孩子们用英语交流的习惯不是一朝一夕的事，而是一个需要长期坚持、点滴渗透的过程。在这个过程中教师要帮助孩子们克服困难，在课外活动中让孩子克服怕出错的心理，炼就孩子敢于开口大声说英语的胆量。教师对学生交际中的语法错误，应注意策略，以不使学生产生畏难情绪，不挫伤其积极性为原则，尽量原谅学生的错误，采取鼓励、肯定的方法纠正其错误，消除学生因为怕犯错误而不敢开口的心理焦虑，使他们经常不断地获得成功的愉快体验，增强口语表达的自信心和愿望。只有从孩子的心底产生出交际的愿望，才能真正使交际变得有意义，才能让学生体会到学习英语的快乐，产生出一种学习的成就感。

邓晓璐：在和各位老师的讨论中，我觉得教育反思及随后的行为跟进对课题的研究进程起到了非常重要的作用。

朱义蓉：是啊，教育反思是一种批判性思维活动，通过记录这些思维活动形成的写作文体，就是教育反思。我的小专题研究中的几个反思案例，对我自己的教育教学和研究过程都起到了梳理、批判和优化的作用。

黄伟：教育反思作为一种研究方式，贯穿在我们教育教学和研究行为的始终。在我们的小专题"小学语文中低段练习改革与创新作业设计研究"中，差异化练习设计、开放—活动型练习设计、综合性练习设计、趣味型练习设计、小组合作式练习设计、突出实践性练习设计、自主性作业的创造性练习设计、亲子共读练习设计、研究性作业练习设计九类作业成了研究对象。在每个研究点上，我们都对学生的练习情况进行了反思。在这里，教育反思成了整个研究的一个基本研究方式，有力地支撑起了我们的研究。

王霞：在我的小专题研究中，我们对学生预习情况进行了仔细的调查和分析，通过对这些调查数据的分析和反思，我们发现了一些研究前没有考虑到的问题，并且及时调整了自己的研究方向，把不合理的研究内容做了改变。教育反思在我的研究中，不仅帮助我梳理分析了问题，还在调整研究的内容上起到了"拨乱反正"的作用。

郑珺：在我的小专题研究中，我主要在中期和结尾进行了系统的反思。这些反思是我的课题进程的忠实记录和反映。同时，这些反思的生成，也帮助我对课题研究方向进行了较大的调整；同时，这些反思还担当起了成果表达的任务，直接充实了我的阶段报告和结题报告。

徐莉：对，在我的小专题研究一个学期后，我们课题组和郑老师他们一样对课题进行了中期的研究反思。通过反思，明确并优化了我们的研究方向。

个案点评

从郑、邓二位老师各自小专题研究的讲述和几位老师的体会中我们看到：教师的行动或实践是在研究计划的指导下展开的。结合研究计划来反思行动或实践，具有两个方面的作用：一是有助于考察原有研究计划的合理性。这种合理性是与问题解决和实践改进紧密相关的。如果通过研究实践，未能解决现实的问题或改进原有的实践，教师就需要进一步思考：这一状况是否与研究计划有关联？在多大程度上有关联？由此是否可以判定原有的计划是失当的，以至于放弃原有的计划？二是有助于完善下一步的研究计划。无论原有计划的合理性如何，都能对下一步的研究计划提供参照的价值，因为我们在后续的计划中可以汲取其合理的方面，摒弃其失当的或不合理的内容。

温馨提示

在教师小专题研究中，教育反思是贯穿研究过程始终的一个重要方法，也是一种运用广泛的成果表达方式；而调整这一步骤则是在反思后必然进行的教育教学和研究行为。一个教师是感性的实践者还是理性的研究者，其根本区别在于他能否对自己的教育教学行为进行持续不断的反思及行为跟进。本章所述的反思是指在研究的过程中教师对微观的教育教学行为、中观的主题研究活动和宏观的研究过程进行的思考和评判，尤其注重反思的效果对研究进程的影响，对研究行为进行调整。通过本章的阅读，你至少可以知道：

1. 对微观教育教学行为的反思，常常是围绕一个具体的问题或一个课例进行多方面的思考。这种反思目的明确，针对性强，分析比较深入。就具体的内容而言，可以是教育任务的完成度，教育教学目标的达成度，教学方法策略选择的适宜程度，还可以是在教师研究中出现频率比较高的，专为研究而向教育教学过程中投放的改革因子。

2. 对中观的主题研究活动的反思，一般是对一系列的主题教研活动进行的批判性思考。这种反思不一定在一节课后得出，而是在主题活动结束后就整个活动的过程进行综合性的批判性分析。如对系列平行课程效果的反思，对进行了一段时间的综合实践活动进行反思，对几种教育教学改革因子的比较反思等等。

3. 对宏观研究过程的反思，是指我们在研究的中段和结束进行的反思。这种反思并不把反思的内容聚焦在教育教学的具体问题上，而是总体把握研究进程的各方面的行为，如研究内容是否为"真问题"，研究思路是否合理等，就这些对整个研究起主导作用的问题进行思考。这些思考对调整或充实研究内容，对修正甚至改变研究思路起着导向的作用。

4. 反思不是目的。反思的目的是为了改进教师自己的教育教学行为和研究状态，因此，教师在反思之后，所要做的第一件事情就是调整自己的研究方案。由于教师的小专题研究是在教育教学实践中的行动性研究，所以，调整研究方案的过程，同时也是改善教师的教育教学行为，提高教育水平和教学质量的过程。

本章作者：

周玫，中学一级教师，成都市锦江区教师进修学校发展研究室教研员。曾参与国家级、省级、市级课题研究，获国家级课题优秀研究人员奖；主研课题获省政府三等奖。参与编写《中学生心理健康》（上、下册各一章），著有《青少年心理问题诊断与调适》。

第六章　小专题研究的成果表达

　　青年教师王明参加区科研骨干教师培训班已经半年多了。在这次培训中，老师要求每位学员都必须自己确定一个小专题进行研究，边培训边实践，以任务驱动来提高每位学员的科研素养和科研能力。眼看快结业了，王明开始担心起怎么撰写结题报告来。他知道任何课题研究如果没有最后的研究报告，前面的工夫可就白花了。因此，他特地到办公室去请教班主任李老师。

一、教育叙事

交流平台

　　王明：李老师，我在科研骨干教师培训班里经过半年多的学习，把自己学到的科研方法用在了自己的小专题研究中，感觉收获很大。现在很快就要进入结题阶段了，但我从来没写过结题研究报告，你能不能告诉我一些写作的要求和方法呢？

　　李老师笑着说：小王，你是不是认为我们的小专题研究只能用撰写结题报告这样的方式才能表达自己的研究成果？其实，这是你的一个认识误区。我们之所以在全区大力推行小专题研究，正是因为小专题研究针对了一线教师的特点，满足了一线教师的科研需求。前期你已经基本了解了小专题的研究特点、研究程序和研究方法，应该知道它与以往的大课题研究有很大的区别，主要具有短、小、实、快等特点。其实，它的成果表达形式更加灵活多样，比如教育叙事、教育日志、教育案例、教育反思、课例分析等是小专题研究成果的主要表达形式。另外，调查问卷及分析、论文、心得体会、个案研究记录、家校交流的书信、学生作品、课件、录像、光碟、图片或照片等都可以作为成果的表达形式。其中，研究故事算得上是最受老师欢迎的一种成果表达形式。你来看：

●研究故事一：四川师范大学附属实验学校柳舒、黄伟老师的小专题"小学语文中低段练习改革与创新作业设计研究"

好作业就这样多起来

星期一，我怀着愉快的心情走进教室，小组长明明跑来报告："柳老师，小华的家庭作业没有做。""嗯？怎么这样！"这时，小组长娴娴也跑来报告："蓉蓉的作业也没有做好。"还有……

哎，不就是抄几个生字写一篇作文吗？我不由得动怒了。

"小华，为什么不做作业？"

"我忘了……"（脆弱的理由就是这样令人无奈）

"蓉蓉，你呢？"

"我做了，可是作业不见了……"（瞒天过海的理由更让人无奈）

一直以来，老师布置作业学生按时完成，似乎天经地义。然而，这样的学习任务，对学生而言，是被动接受的，说穿了，多少带有一点"强迫"的味道。

如何变"要我做"为"我要做"，变"逼我做"为"我必做"，变"令我做"为"我乐做"呢？为此，我作了一次微型调查，调查的主题就是"我讨厌的作业和我喜欢的作业"。

调查的结果告诉我，学生普遍存在着这样的心理：一是图"快"怕"多"。面对堆积如山的作业，学生的心理是害怕、厌烦，表现出的是不愿意做、怕做。二是好"趣"恶"难"。学生说，有时老师随便从课外资料上找一些作业让我们做，一点趣味也没有，有的题目特别难，不会做，就胡乱做一通。只管有无，不管对错，岂不悲哉？三是喜"新"厌"旧"。学生觉得，老师布置作业，无非就是抄抄、写写、读读、背背等，每次都是"老面孔""老掉牙"，一点也不新鲜。有的学生完全是在应付老师布置的任务，好像作业就是为老师做的，真是可叹！

（画外音：这是一种"叙事研究"的方法。叙事研究作为一种质的研究方法，已经为广大一线教师所普遍使用，它主要是通过教育主体的故事叙说来描绘教育行为，进行意义建构，并使教育活动获得解释性的意义理解，其实质是通过对微观层面的细小事件的描述，来阐释流动在现象背后的真实意义和价值。叙事研究提倡教师"讲自己的研究故事"，形成的书面成果就称为研究故事。）

分析了这次调查结果，我决定对作业来一次"改革"："同学们，从今天开始，老师不再布置家庭作业了。"

"什么？不布置家庭作业？"学生你望我，我望你，似乎有点不相信自己的耳朵。

班长颖颖慢吞吞地站起来："老师，这是真的吗？"

我点点头，接着说："老师不布置作业，不过，这作业的'球'可踢给你们了。"

学生更是丈二和尚摸不着头脑。

"以后啊，家庭作业由你们自己做主。做什么，做多少，由你们自己来决定。""OK!"学生一脸的兴奋。

于是，"作业超市"正式"挂牌成立"。

我们在教室的墙壁上规划出一块"芳草地"，精心布置一番，并且约定：学完一篇课文后，学生可以自己或两三人合作，设计一份作业，张贴到"作业超市"里。这份作业设计可不简单——因为这个"商品"在"超市"里可得要吸引"买主"哟。学生的家庭作业，可以到"作业超市"里自由挑选自己喜爱的、自己乐意做的来完成。挑了谁设计的，作业完成后就交给谁检查批阅。每到课上，师生共同评选出一名最佳"设计师"（即作业设计选中率最高的学生）和一名最佳"挑战者"（即作业完成得最棒的学生）。最佳"设计师"和最佳"挑战者"优先参加"每周之星"的评选。

"作业超市"一开张，果然生意火暴，人丁兴旺，成为班级里最亮丽的一道风景线。

每学习一课，学生一个个总在"挖空心思"地"小鬼当家"，想作业，设计作业，并乐此不疲。每到课余，"作业超市"前总聚集着几个"小精灵"，挑作业，学习作业，指指点点，评头论足，兴味盎然。

在这"作业超市"里，我也大开眼界。比如说生字的作业设计有——

猜字谜（根据谜面猜生字）、找朋友（根据词句找生字）、一字开花（根据生字组词）、毛笔书法秀（用毛笔或硬笔书写生字）、编故事（根据生字的读音、字形或用法编一个故事）……在作业的内容上可谓包罗万象：课文中的字词、句段，与课文相关的人物、故事等；在作业的形式上，更是名目繁多：画图画、唱一唱、小表演、手抄报、讲故事等，令人耳目一新。

有的学生有了"超前"意识，课文还没学，他们就在自学钻研了；有的学生有了"走后门"的意识，悄悄地把作业拿来请老师"参谋参谋"。我也作为学生中的一员，每天把自己的作业设计放进"超市"里，供学生比较、评判、选做。看到同学的作业设计在"超市"里大受欢迎，大家羡慕着，心里都憋着一股劲，都想当个最佳"设计师"。"生意兴隆"的"货主"们都挺认真，大家常常为一道题目的不同答案而进行激烈的争论，有时还请我来当"裁判"，毕竟最佳"挑战者"也不好当哟。在这样的氛围下，那些一开始想"偷懒"、只拣容易的做和少做的同学也受到感染，自觉地加入到"大队伍"中来了。

感谢"作业超市"，让学生们不再对作业感到头痛。

个案点评

这个故事呈现的问题具有普遍性和代表性，是困扰广大一线教师的一个问题，但老师们在日常教育教学实践中却又见惯不惊，往往以权威姿态强迫学生完成作业，并未反思作业的布置是否科学合理，这就使得本专题研究具有较大的研究价值和研究空间，而且有一定的创新性。这个故事体现出作为"研究故事"应具备的重要特征：首先故事真实可信，有很强的可读性，让教师产生似曾相识的亲切感；其次，故事背后蕴涵着深刻的道理，读了之后使人产生共鸣，受到启迪。柳老师通过研究故事展示了自己如何以合理有效的方式解决教育实践中遇到的问题，同时在事件记叙中融入了自己的教育理念和对自己处理问题的行为的反思，从而达到了改进自己的教育教学实践的目的。

王明：这个研究故事读起来确实真实生动，体现了柳老师对这个研究专题深入的思考和大胆的尝试，同时还能引起我们读者的思考和共鸣。从故事中我们可以解读到这样的教育理念：比如让学生成为学习的主人、尊重学生的自主选择、相信学生自主设计的能力等，从而受到启发。柳老师的研究思路和方法都值得我们借鉴。

李老师：说得非常好。教师们撰写研究故事，正标志着教师人人可以参与教育研究，大家有话可说，有事可写，从根本上解决了长期以来教育研究与教育行动分离、教育理论与教育实践脱节的状况，拉近了说与做的距离。教师通过写"自己的研究故事"来反思自己的教育教学理念及行为，转变自己的教学行为，提高自身的专业水平。如果我们把一些教学中生成的片段、故事写下来，或者形成一些反思性的文字，日积月累，坚持下来，一段时间以后，我们就会发现自己的教学水平和研究能力有了很大的提高。

在接下来的第二次科研培训中，李老师请到了几位近两年来在研究故事演讲比赛和小专题研究成果评比中获奖的老师，为科研骨干教师们进行现场指导。

问题信箱

王明：各位老师，我已经初步感受到了研究故事的魅力所在。但现在很困惑的是，我们写研究故事一般可以从哪些方面选材？怎样来确定研究的主题呢？

易娜老师［成都师范附小（东区）数学教师］：我们一线教师经常说"问题即课题"，小专题研究的问题就是我们在日常教育教学实践中遇到的急需解决的有研究价值的问题。看看我的研究故事能不能给你带来一些启发。

●研究故事二：小专题"小学低段应用题读题教学研究"

图画应用题作业引出的思考

——小专题研究故事

一年级的解决问题，更多的是图画应用题。刚开始教学这类问题时，我认为图画应用题是非常简单的，只要学生能读懂题意，就能很好地解决。通过上课的探索、老师的讲解，应该说孩子在做类似题目时是比较容易的。可是当我在教学后还为我在课堂上的精彩讲解而沾沾自喜时，学生的作业里却出现了许多问题。比如一道看图写算式的题，题目的原意是"左边叶片上有 5 只瓢虫，右边叶片上有 6 只瓢虫，问一共有几只瓢虫？"应该用加法算式 5＋6＝11 来表示。

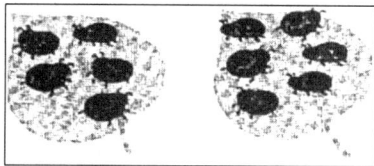

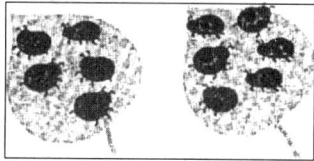

$5 + 7 = 12$ $5 + 1 = 6$

学生出现了两种错误，一个学生写 5＋7＝12，究其原因是没有准确提取图中的数学信息；另一个学生写 5＋1＝6，他没有领会两幅图结合在一起的意思。当看到这样的错误时，我的气就不打一处来，怎么这么简单的数数都数不对？怎么连这幅如此清晰明了的图都看不懂？我生气地把这个孩子叫到办公室，叫他指着数给我看，结果他一下就数对了。我又叫另一个做"5＋1＝6"的孩子来，问："把两边叶子上的瓢虫合起来怎么列式？"他脱口而出"5＋6"。我就更生气了："怎么自己就做不对，到了我这里就做得对。你认真没有？以后要仔细，想清楚再做。"学生低着头，走出了我的办公室。

看着学生委屈的样子，我感到后悔，我为自己刚才的发火而自责。学生为什么自己就做不好，就会出现失误，而来到我这里就能正确解答呢？开始我真是百思不得其解，只是片面地认为，学生在做题的时候，没有老师或家长在身边守着，便不仔细了，不认真了，也就做错了。

紧接着，这样的错误层出不穷。家长也在给我的反馈中提出，孩子不够仔细，题意都没有理解清楚就开始答题，经常数错个数，看错数字，希望老师能在这方面多指导孩子。

孩子这方面的问题已经不再是个别现象，而逐渐成为了数学学习中的一个非常重要并且家长也十分关注的问题。这引起了我们低段数学组的老师们的高度重视。于是，针对这样的现状，组内的老师进行多次交流和反思。我们逐渐认识到，孩子的这类错误绝不仅仅是不够仔细的原因，这与孩子的年龄、习惯、方法等都有十分紧密的关系。

我们进行了有针对性的理论学习，查阅了很多相关资料。如"统觉说"认为，新观念为已经存在于意识中的旧观念所同化和吸收，进而形成新的观念体系。根据统觉学说，教学上应把新的知识与学生原有的知识结合起来，通过统觉过程把新知识纳入学生原有的知识体系中，才能进入学生的意识领域，从而为学生所理解。人本主义——有意义的自由学习观认为，以学生的经验生长为中心，以学生的自发性和主动性为学习动机，把学习与学生的愿望、兴趣和需要有机结合，这才是有意义的学习，必能促进个体的发展。建构主义学习理论指出学生并不是空着脑袋走进教室的，教师不能无视学生的固有观念，另起炉灶，从外部装进知识，而是要引导学生从原有的知识经验中"生长"出新的知识经验。教学不是单纯的知识传递，而是知识的处理和转换。

以上这些理论给了我们很大的启发。我们明白了学生之所以要出现这样那样的错误，是因为他们以前并没有或很少有看图数数的经验，更多的是对事物的直接接触，拿一个数一个或指一个数一个。课堂上，虽然老师讲得"精彩"，但是学生却学得不好，是因为没有细致地关注孩子解决问题的方式方法，忽略了对孩子方法的指导。当学生到办公室时，你让他指着数，实际上是教给他方法；你问他"合起来怎样列式"，实际上是告诉他题意。因此孩子在老师面前会计算正确，自己独立做就出现错误，这正反映出我们对孩子学习方法的指导不足。

经过多次对理论的研读和对具体学生个案的分析，我们最后把小专题确定为"小学低段应用题读题教学研究"。我们认为在数学课中读题教学举足轻重，读题是审题的前提，是解题的基础。通过读题，可以帮助学生理解题意，理清条件和问题，明确条件与问题的种种联系，使要解决的问题在头脑中有一个清晰的印象，为解题作好铺垫。因此，培养学生良好的读题方法和习惯很有必要。

我们首先要解决的便是正确提取数学信息的问题。如果是图，那就让学生数准确：边数边作记号，按顺序数，至少数三遍；如果是文，就一定找准信息，找准数量。针对理解题意有问题的情况，我们首先让学生"见识"不同类型的图，引导学生来观察，让学生说清楚图的意思。学生对什么样的图表示的意思是求"一共有多少"，而什么样的图是表示求"剩下多少"，理解得更清楚了。老师将图文应用题进行了整理分类，让学生多说、愿说、乐说。说的过程就是思维的过程。通过对学生学习方法的指导，学生们数错的情况少了，找错数量的现象少了，理解题意出错的情况也少了。在学生的作业中，我们更多看到的是学生正确的答题。这让我们非常振奋，同时也得到了最大的鼓舞。

例如，我会统计。

一（2）班要举行联欢会，笑笑调查了学校每个同学喜欢吃的水果情况，并制成下图。

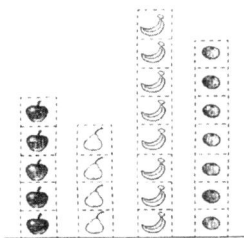

1. 根据左图填空。

🍎	（5）个
🍐	（4）个
🍌	（8）个
🍅	（7）个

2. 算一算。

① 🍎 比 🍐 多 1 个。　　　5 － 4 ＝ 1

② 🍎 比 🍌 少 3 个。　　　8 － 5 ＝ 3

③ 🍐、🍌、🍅 一共有 19 个。　　4 ＋ 8 ＋ 7 ＝ 19

通过这件事，让我们真切地感受到，学生出现的"问题"就是我们应该研究的"课题"。作为一线的老师，只有像这样把研究和日常教学紧密结合，才能带着思考走进课堂，提高教学质量，才能让教师自身得到专业化的发展，也才能让我们的科研更具有生命力。

交流平台

张华：我觉得易老师的研究故事非常清晰地阐述了自己选题的背景和原因，也表明了研究的主题正是来自于老师的课堂教学实践。这样的故事体现了老师深层次的思考，易老师没有被学生做错题的表面原因所迷惑，而是进行深入学习、思考，寻找出现错误的症结所在。因此，我认为写研究故事的选材、选题都非常重要。

吴莉：我觉得易老师的选题特别有意义。第一，因为我们对该问题确实不了解，希望通过此项研究获得一个答案；二是该问题所涉及的地点、时间、人物和事件在现实生活中确实存在，而且具有典型性和代表性，是很多数学老师非常关心的问题。

李真：过去我们关注的是对重大问题的研究，从易老师身上我们可以看到，我们一线教师关心的就应该是我们身边的问题。我们在研究中所述之事可能是日常教学中的重大事件，也可能是偶发事件或特殊事件。比如矛盾冲突非常激烈的事件，常见但又觉得不对头的疑点事件，影响面大、议论较多的热点事件，对自我具有强烈冲击力的事件……

李老师：但大家不要忽略，任何事件都要有"意义"，就是里面一定要隐藏一个能引起人共鸣的"道理"，都应蕴涵一定的教学理念、教学思想，对研究者和其他老师具有一定的启迪作用。

易娜：因此，我们在写小专题研究故事时，一定要注意：第一，围绕小专题研究筛选有意义的事件；第二，注意事件的日常性、典型性；第三，对所研究的问题一定要进行深入的理论学习，用知识武装我们的头脑，而不能单凭简单的经验来解决问题。

李老师总结：现在培训班的老师们还会觉得选择研究素材是件很困难的事吗？老师的教育思想、老师的教育活动，以及老师的教育对象，也就是说，我们老师在教育生涯中的方方面面、点点滴滴，都可以纳入我们的研究视野。因此，根据研究内容的不同，我们的研究故事大致可以分为教学叙事、生活叙事和自传叙事这三种形式。除了前面柳舒老师和易娜老师的教学叙事外，还有教师对课堂教学之外所发生的"生活事件"的叙述，被称为"生活叙事"。因为它涉及教师管理工作和班级管理工作，可分别称之为"德育叙事""班级管理叙事"。这类研究故事与教学相关，又没有学科的界限，适合大多数老师阅读。另外，还有教师对自己受教育经历以及教育经历中发生的教学事件或者生活事件的记叙，其中蕴涵了教师对教育的思考和理解，这被称为"自传叙事"。而实际上，凡是那些真实感人的教学案例和生活案例，实质上都可以被看做"教育自传"。

朱文：我明白了研究故事的分类主要是根据故事发生的空间和主要内容来进行划分的，其实平时老师是没有这种分类意识的。他们一般会根据自己研究的小专题的主题来进行叙事研究，而不会受到时空的限制。

陈云：老师们的发言很精彩，让我觉得茅塞顿开、豁然开朗，那么研究故事呈现出来的共同特点是什么呢？

张乐孜老师（昭忠祠小学，语文教师）：我在第一届教科室主任培训班上通过培训了解了叙事研究的方法后，就一直尝试着在自己的研究中运用这种方法。我的这个研究故事希望能给大家带来一些启发：

●研究故事三：小专题"小学高段语文课堂师生有效对话的策略研究"

静悄悄与闹哄哄

"在课堂教学中，85％的学生不喜欢参与师生对话"你相信这是真的吗？可这确实是我们在全校展开"课堂对话状况问卷调查"的调查结果。为什么学生如此厌倦与老师对话呢？震惊之余，我在困惑中思索。

安静的教室一直是我心中最好的课堂。然而85％的结果打破了我内心的平静，一心维持的好课堂竟只是一相情愿——我想：也许需要一场狂风骤雨使波澜不兴的课堂焕发出真正的生命活力。鲁迅先生早就讲过"拿来主义"。如果借用西方的民主教育模式，赋予学生更多的自由，我们的课堂是否也能变得波澜壮阔？

说"拿来"就拿来，就从今天的语文课开始。我向学生宣布了重要的决定：今天的语文课，不用举手发言，可以随便接嘴，可以一齐回答，想回答问题或有疑问，可以自由站起来说。学生们睁大眼睛愣了片刻，好像没有听明白。突然，教室里沸腾了，学生们手舞足蹈，不断欢呼着。得到了如此热烈的欢迎，我的心中也热血沸腾。

《积累运用七》的"读读背背"是学习积累有关勤奋刻苦的名言警句。先请学生们自读句子，思考每句话的意思。学生们很快完成了自读要求。于是我问："谁愿意站起来将句子读给大家听听？""轰——"教室里黑压压站起了一大片。平时可是要千呼万唤才会有个把学生羞答答地站起来。学生们有滋有味地读完了句子，我又请他们选择自己喜欢的一句话来讲讲意思。话音刚落，好几位学生同时站了起来。怎么办呢？总不能同时说吧。我只好说："先请小俊说，其他同学坐下待会儿再说。"其他几个孩子满脸不情愿地坐了下来，小鹏还撅着嘴嘟囔："这不公平嘛！"虽然不够公平，可是又有什么办法让机会完全均等呢？教学继续进行，小淇站起来说："我最喜欢'不经一番彻骨寒，怎得梅花扑鼻香'一句。我觉得这句话是说，只有经历了严寒的梅花才会散发扑鼻的香味。"我还没来得及开口，只听小川接嘴道："栀子花、茉莉花不是没经历严寒也散发出扑鼻的香味吗？"学生们哄堂大笑，议论开来。我正想批评小川，又听到一个声音："北方比南方冷，那里的梅花是不是更香呢？"又是一阵笑声。

我的心中有些恼怒，想要批评学生不该瞎扯到一边，更不该乱接嘴。可我突然想起，"自由接嘴"不是我允许的吗？如果制止，岂不言而无信。我让学生停止议论，请他们留意这句话着重要强调的究竟是什么。经过启发，我们的"对话"才又言归正传。只剩下"世上无难事，只怕有心人"这句了。小敏站起来发表了自己的意见："这句话是说，做事只要有恒心，再难的事也能成功。"平时就爱挑刺的小毅几乎从座位上跳起来："不对，这里的有心人应该是做事细心的人。前面那句不是说了'欲要看究竟，处处细留心'。"我心中一阵暗喜：这可是激发学生积极思维的良好契机。我意味深长地问学生："这里究竟应该是什么心呢？"只听见支持小敏的学生齐声吼道："恒心！"赞成小毅的也不甘示弱："细心！""恒心！""细心！""细心！""恒心！"两种声音在教室里此起彼伏。巨大的声浪震得我脑袋嗡嗡作响，气得我将黑板刷当做了惊堂木敲了起来。在"惊堂木"的梆梆声下，吼声渐渐停歇。批评学生的话语已经涌到了唇边，可想到那85％的厌倦，想到课前的承诺，我不得不抑制胸中的怒火，尽量心平气和地继续引导学生思考。精彩的答案不断涌现，可是，此时我已经没有了起初的激动，心中储满了难言的滋味。因为前面耗时太多，后面"名言赠送""背诵擂台"两个教学环节，只能匆匆而过。

这堂课结束了，但课堂中的情景始终萦绕在我的脑海。学生们激情高昂，畅所欲言，思维的碰撞激起一串串闪耀的火花。可是在这热闹的课堂上，在异口同声的回答中，有多少滥竽充数的成分呢？在学生东拉西扯地接嘴后，教学的效率如何保证呢？当争论演化为无序的争吵，岂不更加背离了交流与沟通的本意？我又一次陷入困惑之中。

我一边积极搜索有关对话问题研究的文章，一边反思着我的教学实践。通过自由对话形式使学生成为对话主体的做法是毋庸置疑的。但是，对话的基础并不在于形式，而在于构建尊重平等的师生关系。如果我们只是简单地复制西方教学的"自由"形式，新鲜感过后，留给我们的也许只有闹哄哄的课堂。

建立尊重平等的师生关系，就像与学生共同营造一个温馨、静谧、安详的"家"。在这里，新知在交流中生成，价值在沟通中重建，"真理"在商谈中诞生。这是何等的其乐融融，这是何等的令人向往！

根据对叙事研究的理解，我在撰写故事中主要把握了以下几点：

（1）选材注意了事件的细小和典型。主要是在日常教学中经常发生但又让人感到困惑的问题，因此它是真实的、情境性的。

（2）作为研究者，我同时担任了描述和分析的任务。在我叙述自己解决"师生有效对话"这个教学问题的过程中，故事的主线和我作为研究者的分析交叉出现，使这个故事通过我的解读具有特殊的意义。

（3）事理结合，夹叙夹议。叙事的目的是为了研究，研究是为了剖析事件现象后面的本质，揭示事件的价值。因此，我认为研究故事不但要有"情节"，即是一个相对完整的故事，同时还必须有"意义"，即故事的目的、意图、主题或道理，要让听众在听故事以后，明白某种道理，这是故事的灵魂。所以我在撰写研究故事时采用了夹叙夹议的写法，即不仅对故事的过程进行描述，而且还对自己的价值观、情感、心境等进行分析，展示自己作为研究者的立场和理论视角。"议"更多地表现为对自己在事件发生过程中的心理状态的描绘，这实际上是作为教师个人的教育理论及个人教育信仰在某个具体事件中的真实显现，这种反思或思考更有利于我们的教育理念和行为的进一步提升。

（4）强调动态生成的过程。在撰写研究故事时，我主要抓住四大要素：

语言——用个性化的语言呈现故事，切忌使用大众话语，避免千篇一律。

时间——用一些表示时间变化的词语来表现时间的推移、故事情节的发展。

反思——研究故事区别于一般故事的根本特征在于反思。叙事者的反思随着时间的推移、情节的发展而展开，即在事件发生过程中边行动边反思（夹叙夹议）。我强调在叙事中反思，在反思中深化对问题或事件的认识，在反思中提升原有的经验，在反思中修正行动计划，在反思中探寻事件或行为背后所隐含的意义、理念和思想。离开了反思，我想这个故事就会毫无意义。

重建——对问题进行思考后，还要有改进和重建的行为和效果。

王明：我觉得张老师这个故事特别生动，过程特别真实，感觉我自己就是故事中的那位老师，随着情节的推移，自己的情感也在不断发生变化：面对"静悄悄"的课堂的迷茫，见到一线曙光时的欣喜，新旧两种观念的冲突，面对"闹哄哄"的课堂的束手无策，两种反差很大的课堂给自己带来的新的困惑……我觉得这个故事的题目也起得非常好，"静悄悄与闹哄哄"，一方面以生动的表述吸引了读者，使人急于了解故事的经过；另一方面它又以事件的主题为核心，既向读者暗示了这个故事将要呈现的内容，又能引起读者回味，静心思考。

李老师：这个故事的动态生成性特别强。随着时间推移，故事情节的变化也十分明显，可谓高潮迭起。张老师的研究实施计划与课堂教学的实际效果出现了较大差距，使这个故事的矛盾冲突更加尖锐。老师的观察和反思也一直贯穿在教学始终，推动着情节的发展。张老师作为研究者"叙述"自己的研究过程中所发生的一系列教育事件：包括了研究的问题是怎样提出来的，是如何设法解决问题的，在具体解决问题的过程中又遇到了什么障碍，问题真的被解决了吗，又采取了什么新的策略……到底成功了吗？我想这都不重要，重要的是在这种行动研究的过程中，注入了一种新精神，就是在叙述"我"的研究过程中发生的一系列教育事件时，"我"的"叙述"本身就成为了一种思考，"我"已经在边行动边反思，已经是在收集研究资料和解释研究资料了。当"我"把它记下来时，它就是与以往的议论文、说明文式的论文完全不同的记叙文、散文式的心得体会，更能引起读者或听众的共鸣，其中蕴涵的道理更易让人接受。教师经常讲这样的故事就会很容易进入"研究性教学"的境界。

赵梅：听了张老师的故事和她的分析，我觉得自己学习过的研究故事确实都具有这些共同特征。张老师的见解如此深刻，这也得益于您对叙事研究方法的深入钻研和长期实践吧？

张老师：谢谢你对我的肯定。其实只要你们用研究的眼光去观察教育教学中的人与事，保持一定的敏感度和敏锐性，抓住主要问题深入研究，相信你们会比我做得更好！

张宏：通过老师们对自己研究故事的展示和介绍，以及大家的精彩点评和交流分享，我好像明白了关于研究故事的重要特征，那么你们能谈谈怎样才能写好一个研究故事吗？

郑健老师（大田坎小学，语文教师）：咱们来看看我的这个研究故事，我在旁边都批注了自己的写作心得，希望你们看了之后能了解写作的基本程序。这是我们大田坎小学语文组在学校承担的成都市"十五"规划课题下进行分解细化后确定的子课题"尊重学生的个性化学习研究"中的一个研究故事。

●研究故事四：小专题"尊重学生个性化学习的教学设计研究"

内容描述	方法解析
"对于这篇文章的特点，谁想谈一下自己的看法？"这已经是我第五次对问题进行重复了，同前四次一样，教室里仍不见有人举手。我扫视了一下教室，学生们除了面面相觑外，所给予我的回答只是一双双茫然的眼睛。 　　一直以来，我认为教学就是教师讲，学生听，教师问，学生答，教师应是课堂的权威。我非常希望能把自己所学的知识毫无保留地传授给学生，然而结果常常是事与愿违。我教起来吃力，学生学起来兴趣寡然，课堂气氛异常沉闷。我感到十分困惑：为什么自己的付出不能换来应有的回报？我陷入了深深的苦闷之中，犹如在寒冬里见不到阳光一般迷茫，我开始怀疑自己，并害怕走进课堂。	●善于发现，细心筛选：注意研究问题的日常性、平常性。选择的事件要小而典型，蕴涵一定的教学理念、教学思想，具有研究价值。因此，教师不仅要有敏锐的观察能力，善于观察、捕捉日常问题，还要有深刻的分析和辨别能力，能够准确筛选有意义的问题。
我开始静下心来学习思考，开始阅读有关的教育教学理论，如《新课程需要什么样的教学观念》《教师角色和教学行为》《语文新课程标准解读》等，并开始对教材、教法、学生进行研究，积极参与科研活动。我渐渐开始明白：教师并不是课堂的权威，学生才是学习的主体，教师的一切教学活动都应该以学生为中心，只有尊重他们的需要，关注他们的发展，学生才可能真正投入到学习中来。因此，我把自己的小专题定为"尊重学生个性化学习的教学设计研究"。	●深入学习，确定目标：有了一定的思索后，教师开始筛选学习相关的理论，找到相应的理论支撑，并初步确定研究目标，拟定研究措施。有时我们也通过集体研讨，进行同伴互助，帮助教师明确研究方向和研究目标。

内容描述	方法解析
拼音是小学教学的第一道难关，也是小学教学中最枯燥乏味的内容之一。到底怎样让孩子们牢固掌握拼音这根"拐杖"呢？最初我尝试了多种教学方法，比如让孩子们跟我背顺口溜，先观察后学写等，但孩子们或者把字母搞混淆，或者今天学了明天忘，效果不太理想。最后我根据孩子爱玩的天性，引入游戏活动，让他们自主学习，以展现他们的个性、发挥学习自主性，感觉教学效果变好了。比如在学习拼音"l"时，当学生掌握了发音后，我便启发他们："想一想'l'像什么呀？"孩子们一听，七嘴八舌地回答："一根吸管""一支笔""一根球棒""一根棍子""一段甘蔗""一根薯条"……孩子们富于想象的回答让我惊喜万分。"你能把它的样子画出来吗？"孩子们一听，可高兴了，兴趣盎然地忙开了，不一会儿，他们就画出了五花八门的图案。此时，我趁热打铁，问孩子们："你能自己编一句儿歌记住它吗？"孩子们可高兴了，很快就编出了朗朗上口的儿歌。如"一支铅笔 lll"，"一根薯条 lll"、"一支吸管 lll"……整个课堂充满了欢乐和童趣，我想，这个"l"孩子们可能终身难忘。	●精选角度，巧用方法：叙事研究展现的是一个动态生成的过程，它是教师在行动研究过程中不断地进行反思、重建或改进的过程。蕴藏在事件后面的真实意义究竟是什么，需要教师多角度、多方位对事件进行思考、分析，选取最佳的研究角度，确定研究重点，然后尝试各种方法，选择最好的方法进行研究。如该教师围绕"拼音教学"不断尝试，并通过"游戏引入"的教学方法激发学生学习兴趣，发挥学生学习自主性，取得了较好的学习效果。
看着一张张挂满成功喜悦的笑脸，我也感到由衷的高兴。我找回了自信，开始把更多精力放在研究如何在课堂上激发学生的创新精神上。在科研之路上，我不断总结、思考，也在慢慢成长，犹如走进枝繁叶茂的夏季。 　　尊重孩子，给予孩子一个自由表达的空间，那么我们将会从孩子口中看到一个美丽新奇、充满爱心、富有灵性的世界。一期下来，孩子们创编出的满含童趣的儿歌和小诗已经凝聚成了两本厚厚的集子，我的教学研究案例也越积越厚。	●勤于记录，积累资料：叙事研究要求教师勤于记录、不断反思。日积月累，研究资料就会越来越丰富、翔实，教师的教学水平和研究能力也会不断提高。
作为语文学科主研教师，我认真钻研北师大版的新教材，对不同的课型进行研究，孜孜不倦地探索尊重学生的个性化学习的多种途径，注重激发学生的创新思维，并总结出不同的教学设计模式，在校内交流推广。在积累大量研究案例的基础上，我不断进行总结，撰写论文。捧着一摞摞在省市区获得的奖状，我深深体会到科研给我带来的成长的快乐，体会到生命的精彩，看到了明天的希望。	●不断梳理，提升层次：积累一定的资料后，教师还要对资料不断地进行梳理，同时对研究内容进行深刻反思。去粗取精，去伪存真，从而提升研究的层次，更好地实施新课程改革。

李老师：我知道大田坎小学的老师们在明晰了叙事研究的过程和方法之后，经常通过写研究故事来反思自己的教育教学工作，现在不但在写作上得心应手，思考也更加深入，提高了自己的教学水平和研究能力。他们在区、市的研究故事评比和演讲比赛中都屡屡获奖呢。

王明：听您这么说，我都跃跃欲试了，我在小专题研究中其实也发现有很多典型的故事或案例，但以前不知道要把它记下来，时间一久就慢慢淡忘了。现在我明白了应该把这些宝贵的资料记下来，并对它们进行分析，我想我也会逐步提高的。

科研骨干培训班长：谢谢各位老师的宝贵经验，让我们受益匪浅。下次还要请你们对我们撰写的研究故事进行指导！

温馨提示

撰写研究故事一定要注意以下几个方面：

1. 围绕线索筛选既有"情节"又有"意义"的故事。

一般是教学过程中出现的某个有意义的"教学问题"或发生了某种意外的"教学冲突"，也可以是老师在有意识的计划和行动之后出现的"问题"，是对老师进行改革或改变之后所发生的事件的叙述。可以围绕一个主题选择一个或几个教学事件进行叙述。

2. 夹叙夹议，展现故事发生的过程。

教育叙事的写作方式以夹叙夹议为主。叙述以第一人称的语气，展现相对完整的故事情节，同时尽可能地描写教师自己在解决教育教学问题或事件时的心理状态，常常用"我想……""我当时想……""事后想起来……""我估计……""我猜想……""以后如果遇到类似的事件，我会……"等等句子。此类心理描写实际上是将教师的个人教育理念、个人教育思想渗透在某个具体的教育事件上，体现了教师的反思历程。

3. 往往采用深描的写作方式。

深描即教师比较详细地介绍教育问题或教育事件的发生与解决的整个过程，留意一些有意义的具体细节和情境，对故事细节进行整体性、情境化、动态的描写。在叙事研究中引入一些原汁原味的资料，比如学生的作品、学生的日记、某位学科教师对这位学生的评价等等。这种深描使叙事显得真实可信而且富有情趣。

4. 叙事和议论的技巧处理。

叙事时要注意：（1）突出和放大关键环节；（2）适当描绘细节，使其更具有情境性和生动性，叙述必须相应地显示出一定的情节性和可读性（可听性）；（3）增加故事的互动色彩；（4）描绘解决冲突的举措及实施举措的过程；（5）写出举措实施后的效果。

在事件中"插入"自己的感悟和分析时要注意：（1）在叙事过程中记录自己的真实感受，尽可能描写自己在教育事件发生时的心理状态；（2）突出自己对事件的意义的认识，有意识地再现反思的过程和心灵变化的历程，表达自己的独到思考；（3）感悟和分析要水到渠成，不能穿靴戴帽、过分拔高。

5. 叙事研究获得某种教育理论或教育信念的方式是从过去的具体教育事件及其情节中归纳出来的，而不是演绎。因此，故事的"意义"或"道理"往往隐藏于教育事件和教育故事之中，需要读者亲自去领悟，而不是靠作者直接传授。这样的故事更具感染力，更有强大的说服力。

二、教育案例

××学校的科研基础非常薄弱，以前从未做过区级以上课题。在初次接触小专题研究之后，老师们很快就被这种生动、实在、操作性强的课题研究所吸引。今天上午是该校的小专题研讨活动，交流议题是关于"教育案例"。主研老师们带着自己收集的相关资料早早来到了会议室。

会议由教科室主任方老师主持：各位老师，前几次我们对小专题研究的一些基本方法进行了介绍，大家在研究中也学会了运用。上周大家主要收集的是关于"教育案例"的资料，这是小专题成果的重要表达方式之一。我们先想想自己最想了解关于教育案例的哪些问题，然后再畅所欲言，谈谈自己的看法和意见。

问题信箱

青年老师小陈（数学老师）：通过前面的学习，我基本了解了研究故事的特点和写法，我想，作为教育案例，它又具有什么主要特点呢？

李老师（中年教师，语文教研组长）：小陈，我收集的资料里，有一篇比较典型的教育案例，我们大家一起来学习它，再来议议案例的主要特点好吗？

●教育案例一：四川师大附属实验小学黄伟、柳舒老师的小专题"小学语文中低段练习改革与创新作业设计研究"

让语文作业"增值"

在小专题研究中，我们对学生做了大量的调查和访谈工作，在课堂教学设计、家庭作业设计上都花费了大量的心血，看着孩子们面对作业不再愁眉苦脸，我心里充满喜悦。但我们的研究就没有什么可以挖掘的东西了吗？我在进行反思时陷入苦苦的思索。对了，每次孩子们在交流老师评改后的作业时，总是比谁的五星多，比老师夸奖谁最棒……作业评价应该是我可以着力的一个研究点：第一，可以让学生成为评价的主体，他们互相评改作业应该比看老师的评价还感兴趣；第二，可以让学生尝试用不同的评价方法，让他们在相互评价中提高语文能力。我为自己这个想法感到兴奋，并赶快着手一些准备工作。

初次尝试——相互批改阶段

这天，我收齐语文作业本后，没有按以往的习惯对作业进行精批细改，而是在辅导课上把作业本互相交换分发到学生的手上。孩子们纷纷翻开自己的本子，然后都抬起头来，一脸疑惑地望着我。我微笑着说："今天老师想让你们来当小老师，愿意吗？"看着孩子们仍然充满迷惑的眼睛，我继续解释："今天你们作为小老师的任务，就是帮同学批改作业。老师有三个具体要求：第一，要尊重他人的劳动成果，用红笔认真仔细地批改同学的作业；第二，要用学过的修改符号来批改作业，不能在别人的作业本上乱涂乱画；第三，发现错误要认真修改，有不会的要勤动手翻一翻课本，查一查字典，还可以向同学、老师、家长请教。最后由老师认真检查批改情况，如果发现有不符合要求的，要重新批改。如果一直不能按老师的要求完成，就不能当批改作业的小老师啦！你们同意吗？""同意！"孩子们异口同声地答道。

下课了，孩子们个个兴奋不已，拿着同学的作业本像一只只快乐的小鸟一样飞出了教室。望着他们的背影，我不免暗暗担忧：孩子们能按要求完成这项特殊的作业吗？可是，第二天收交作业的情况让我心中的石头落了地。早读课时，我来到教室发现同学收交作业十分积极，连以前的"作业困难户"也主动交上了作业。通过检查，孩子们都批改得很认真。下课时，同学们仍然沉浸在批改同学作业的兴奋之中，唧唧喳喳地议论着。小珂说："改了李京的作业，我真是大开眼界，书写棒极了，难怪他能考第一。"另一位男生接着说："王瑞的字儿也写得挺好的，我改着他的作业脸都红了……"话没说完，负责修改他作业的玲玲抢着说："别提了，改你的作业真把我累坏了。你写的字像毛毛虫不说，还缺胳膊少腿，我一会儿翻书，一会儿查字典，弄得手忙脚乱。你当然该脸红啦！""哈哈哈……"在同学的哄笑声中，这位作业马虎的小男孩不好意思地低下了头。更可喜的是实行作业互相修改的办法以后，语文作业的质量有了明显的提高，孩子们的书写认真了，错误减少了，"作业困难户"消失了，同学们互相批改作业的热情有增无减。

乘胜追击——互写评语阶段

作业互相批改活动取得成效以后，我又要求学生批改作业以后相互写评语，并且提出了评语的两项要求：一是尽量多发现同学作业中的优点，以表扬鼓励为主；对同学的不足之处要善意提出，不能讽刺打击，伤害同学的自尊心。二是评语要丰富多彩，不但可以灵活运用课文中的优美词句，而且可以运用自己在课外收集的名言警句，甚至还可以适当模仿流行歌词、经典广告语等。同学们对这项活动倾注的热情丝毫不比前一阶段差。他们在写评语中表现出来的模仿能力和创造能力使人惊喜不已。例如，学了《长城》这篇课文以后，有个学生给对方写了这样的评语：你的书写不太整齐，像万里长城一样蜿蜒盘旋。希望你今后写的每一个字都像城墙上的方砖一样整齐美观。有同学巧妙模仿课文《趵突泉》中的精彩语句作为评语，如：你的书写真美。还记得课文中有这样一句话："假如没有趵突泉，济南定会失去一半的美。"我要说，假如没有你漂亮的书写，我们班定会失去一半的魅力。学了七绝《赠汪伦》以后，有一位女生就在评语中仿写了一首幼稚的诗：亭亭玉立在其中，优秀作业喜相逢。桃花潭水深千尺，不如整洁书写美。还有模仿《红旗飘飘》的歌词来写评语的：你的作业写得真棒！我要用歌声来赞美你——苏静同学，你是我们班的骄傲，我为你自豪！

快乐分享——评语交流阶段

为了使评语的教育力量"增值"，进一步提高孩子们写评语的质量，培养他们学习语文的热情，我又在班上开展了评语交流活动。我先筛选一些有特色的评语，请评语的作者在班上朗读，并说一说自己写这则评语的想法，然后请得到这则评语的同学谈一谈自己的感受，最后师生共同评价这则评语的特点。这样，在宣扬优秀评语的同时，又让学生明白如何才能写出有特色的评语来，也使学生对作业互评保持持久的兴趣。同学们在一起相互交流评语，那是他们最开心的时刻。无论得到同学赞扬的，还是受到提醒的，大家都愿意互相交流，把自己的感受传递给别人，也了解到他人对自己的看法。这是一种多么有意义的交流方式啊！

（画外音：老师详细具体地记叙了问题的解决过程以及呈现出来的效果，这是整个案例的主体部分，真实、具体、明确的描述会给读者留下较明晰的印象，有利于他们形成正确的判断，从而理解研究者的意图和所研究问题的价值。）

这次作业批改的小小改革让我深有体会，我认为孩子们不仅有自己选择和设计作业的权利和能力，同时，在老师的指导下，对部分作业进行相互批改，孩子们至少有了这些收获：

1. 增强了学习语文的积极主动性。爱因斯坦说过，兴趣是最好的老师。相互批改作业这种形式让学生觉得新奇有趣，做起来自然轻松愉快、乐此不疲。为了得到同学的肯定，赢得精彩的评语，孩子们又会全力以赴地去做好每一次语文作业。为了出色地完成语文作业，又促使他们专心听讲，认真书写。要当好"小老师"，达到作业批改的要求，在弄懂课堂知识以外，孩子们还得去勤查字典，多方请教才行。

2. 养成了积累课外知识的良好习惯。为了写出精彩的评语，学生在学课文的时候会随时随地主动收集优美词句，在学古诗时也会自觉记下一些名句备用，甚至在上音乐课时也不忘把顺口的歌词在心中多唱几遍。回到家中，就是在看电视时，也在留心哪些广告词可以用在评语里。

3. 培养了良好的道德行为意识。学生相互写评语和评语交流活动，实际上就是一种培养良好道德意识的过程。学生写评语就是去努力发现同学的长处，也就是发现美的过程。在赞美对方的同时自己也受到了美的熏陶；对于同学的不足，不但可以用来警戒自己，而且还能委婉地在评语中指出，从而起到"治病救人"的作用。另外，在评语中所体现的那种相互帮助、共同进步的意识，也不失为一种良好的集体主义意识的体现。

目前，我一般把一些基础性作业交给孩子相互批改，随着他们年龄的增长和批改能力的提高，还会有很多值得研究的新问题出现。我会继续探索学生作业相互批改的新内容和新方法，让孩子们在这样的学习方式中收获更多。

（画外音：在案例研究中，作者的自我评析非常重要，它展示了教师从研究者的视角对自己的行为和思想进行的再反思，并做出更客观的判断和分析，从而不断改进自己的教育教学行为，实现研究水平和专业能力的螺旋式上升。）

个案点评

柳老师针对家庭作业布置中的困惑和学生对作业的反应，通过调查访谈，深入分析了问题背后的深层次原因，并非常准确地抓住了其中的一个问题，即作业的评价主体和评价形式应该多元化，采用多种方式让学生参与到作业评价中来，激发了学生的学习兴趣，从而有效地调动起学生学习的主动性和积极性，提高了家庭作业的实效性。这一小专题告诉我们，教育案例展现的就是这种以问题切入，并围绕问题的解决展开研究和进行反思的过程。

交流平台

看了这个教育案例，小专题组老师们展开了热烈讨论。

赵老师（语文老师）：我觉得这个案例所选择的事例非常典型。关于作业布置和作业批改一直是让老师尤其是语文老师头疼的一件事。光说作业批改吧，语文作业本就有拼音本、听写本、课外阅读本、作文本、周记本等等，老师除了上课之外，就得一整天埋头批改作业，往往还得把作文本带回家去批改。老师这样精批细改、尽心尽力，可学生并不领情，他们常常只看一下等级就完了，或者看到老师在作业上画满的红笔印迹还会产生挫败感，甚至产生对老师的抵触情绪。看了柳老师的作业批改改革，我的心里豁然开朗。看来老师不光要实干，还要学会巧干。

张老师（美术老师）：我觉得柳老师对事件的前因后果、问题解决的过程、老师的心理活动、学生的表现等都描述得非常真实、清楚，让人身临其境，随着柳老师一起去思考、去尝试解决问题、去观察计划实施后的结果和效果，并进行总结和反思，在不知不觉中学会了案例研究的方法，这给我带来的启发特别大。

曾老师（语文组，中年老师）：我觉得这个教育案例的叙述重点非常突出，虽然它和课堂实录或者课例有点相似，都是对教育情境的描述，但它却不是有闻必录，而是紧紧围绕问题或研究主题进行有选择、有重点的记叙，不会让人因为其他无关信息的干扰而迷失了研究的方向，我想这也体现了案例的特点和价值。

陈老师（数学青年骨干教师）：我觉得在案例中，老师在事例后面的分析和反思特别重要。柳老师对自己进行作业评改改革后的效果进行了自我评价，并有了下一步研究的初步思路，这可以更好地推进研究的深入。

方老师：大家都说得非常好。其实教育案例也具有很多与研究故事相似的特征，除了上面所说的特点外，它还具有这些特点：比如说，教育案例中出现的事例是在一定的时空框架之内，具有相对完整的情节，也就是要说明事件发生的时间、地点、人物、起因、经过、结果等。事例的描述中要包括一定的矛盾冲突。这个案例中的冲突也非常明显，也就是老师的作业批改期望达到的效果与学生的反应之间的矛盾冲突。这样就为后面的故事记叙提供了一个特定的比较明晰的背景。在该事例的记叙中，也真实地描述了老师的内心世界，如老师实行作业改革的意图以及实施过程中的想法，可以帮助读者更好地走进研究者的小专题之中，并对之作出更加准确的判断和评析。

青年教师小陈：谢谢各位老师的指点，现在我对教育案例的主要特点有所了解了。但是，根据我对教育案例和研究故事的比较，发现它们记叙的事例都是曾经发生或正在发生的事件，而且事件的特点有很多相似之处，但在写法上好像还是有一定区别。教育案例的写作格式一般是怎样的呢？

孙老师（老教师，数学组组长）：这段时间我对教育案例进行了比较深入的学习，也看了很多相关书籍。我们再来看一个教育案例，然后通过比较分析，总结出案例撰写的基本格式吧。

●教育案例二：成都师范附小（东区）钟颖老师的小专题研究"挖掘教材中的民族音乐因素，提高高段学生喜欢民族音乐的策略研究"

一节充满欢声笑语的民族音乐欣赏课

谈到"挖掘教材中的民族音乐因素，提高高段学生喜欢民族音乐的策略研究"这个小专题，还要从我在教学中的一件小事说起。在我上到五年级《欢乐的村寨》这一课时，我发现很多孩子欣赏民族音乐时很不专心，不知道怎样去欣赏，而且也不太愿意张嘴唱侗族歌曲《迷人的火塘》。当时我生气了，可是孩子的回答让我吃惊："我们不喜欢这种音乐，更听不懂！"是啊，回想在我的音乐教学中，曾经在上六年级"蒙古音乐"一课时也出现过类似的情况。我发现随着孩子年级的增高，他们对学习民族音乐的兴趣却越来越小，对民族音乐的鉴赏能力也不高，取而代之的则是他们根本不懂真正意义的流行音乐。由此我专门针对民族音乐做过一次问卷调查，结果让我非常痛心：36名同学中，有34名同学喜欢流行音乐，一名同学喜欢古典音乐，只有一名同学喜欢民族音乐，理由是他喜欢各民族的民族文化。

学生的选择没有让我打退堂鼓，作为一名年轻的音乐老师，我有勇气去接受这个挑战。我静心思索，并逐步明晰了思路。我认为立足教材，从教材里的民族音乐中找出各民族的文化、民风、民俗等学生较感兴趣的因素，并从这些角度入手，引导学生欣赏和学习民族音乐，最终让他们喜欢上我们的民族音乐。我想，这应该是一条切实可行的途径，因此我选择这个主题进行小专题研究。

我认为兴趣的激发应该立足于课堂，所以把研究的重点放在课堂的教学中。让我印象最深的是那节藏族音乐欣赏课《雪域之歌》。这一课是五年级上学期的一个单元，在上本课之前，我让学生做了一个课前的调查问卷，通过问卷我了解到学生们最想知道的是藏族人的服饰，有什么美食，以及这个民族的民歌有什么风格，想看看真正的藏族舞蹈，想知道他们每年都过什么节日；而对我设计的想知道"教材中的民歌和乐曲描绘出什么音乐形象""音乐表现出怎样的情绪"及"音乐由几段体构成""每段音乐的主奏乐器是什么"等，则无人理睬。很多同学还希望老师穿上藏族的服装，给他们跳藏族舞，并且以表演的方式给他们上课。

经过精心设计，我以一名身着美丽藏服的导游形象出现在课堂上，首先迎来了同学们惊羡的目光和热烈的掌声。受到鼓励的我很快进入角色，带领大家开始了一次愉快的音乐旅行，通过多媒体展示藏族的风土人情，文字解说介绍藏族的地理环境、人口数量、民风民俗等。整节课都以旅游的形式贯穿始终，我把教材中一首首乐曲当成一个个景点穿插其中，当一首首乐曲播放完后，同学们很快就七嘴八舌地回答出了音乐所描绘的形象，也在不知不觉中归纳出了藏族音乐的特点。在我的引导下，同学们知道了主奏乐器的音色、音乐旋律对比、节拍节奏的对比及力度变化等欣赏音乐的方法，很自然地将音乐技法与音乐表现情绪结合起来。藏族音乐开阔、高亢的旋律，粗犷豪放的节奏以及演唱者那宽厚明亮的嗓音，使学生们更加感受到辽阔祖国的民族音乐与劳动人民生活、居住环境及生活习俗密切相关，有学生感慨地说："祖国的音乐太美了，我们应该好好学习它。"

在挖掘了教材的这些音乐因素之后，应同学们的要求，我还把藏族的舞蹈融于本课之中，更加丰富了教材的内容。在同学们"旅途"疲惫之时跳了一曲藏族弦子舞《青藏高原》，将整节课推向高潮，同学们兴高采烈地站起来跟着我一起学跳弦子舞。当屏幕里出现了藏族人民篝火晚会的场面时，同学们已经控制不住自己的表现欲了，都争先恐后地上前跟着我跳锅庄，有的同学还把听课的老师也请上台和他一起跳。不知何时我发现所有同学都在翩翩起舞，就连听课的老师也说："连男同学也动起来了，真是难得、难得！"在欢歌笑语中我们结束了旅程，我听到掌声响起，那是同学们兴奋的掌声，那是同学们快乐的欢笑，更是同学们对学习新的民族音乐的期盼！

在我做的关于学习《雪域之歌》的调查问卷中有一项是问同学们有什么好的建议，而绝大部分同学的建议就是希望多上几节这样的课。他们有的说："以后多上几节这样的课，会让我们觉得更有意思。"有的说："我希望多一点这种活动，希望这种课有很多。"有的同学更"希望将学习的时间延长"。看到这些，我感慨万端。回想就在几个月前，孩子们还说"我们不喜欢这样的音乐，所以我们上不好这样的课"，而现在的他们在每一次学习中的表现则是兴趣盎然、意犹未尽啊！

看来，这样的教学方式不仅增加了学生对民族音乐的喜爱，而且还激发了他们学习民族音乐的兴趣。我国是有五十六个民族的大家庭，把各民族的地理环境、民族文化、民风民俗等融入音乐课堂，为学生提供一个更全面的背景，可以更好地帮助他们理解和鉴赏民族音乐。但今后我打算把学习拓展到课外，放手让学生自己做，让他们在收集资料、制作道具、排练节目的过程中，充分领略各民族的风情特色，领悟民族音乐的魅力。周荫昌先生在全国第六届国民音乐教育改革研讨会上的总结报告中曾说过：普通学校里强调"以中华文化为母语"的音乐教育，"在本质上它决不是带着青少年走向过去，而是理解过去，继承和发展传统，更好地走向未来"。让孩子们在实践中真真切切地体会祖国民族音乐的博大精深，使民族音乐文化的精髓渗透并根植于他们心中，使他们潜移默化地受到良好情操、高尚人格的教育，他们一定能成长为身心和谐发展的现代人。

（画外音：案例使教师拥有了记录自己教育教学经历的载体，在不断的积累和筛选、甄别中，教师可以更深刻地认识到自己工作中的重点和难点。对案例的记叙和反思，可以促进教师对自身教育教学行为的反思，并在实践中自觉调整教育教学行为，提升教育教学工作的专业化水平和研究水平。）

交流平台

孙老师：从以上两个案例我们可以看出，案例的基本格式包括：（1）标题；（2）主题与背景；（3）情景描述；（4）问题讨论。当然，有的案例后面还有一部分附录，它是对正文中的主题起补充说明作用的材料，如果放在正文中，会因篇幅过长影响正文的描述，因此以附录的形式附在正文之后。

李老师：听了孙老师的介绍后，我觉得案例的基本结构确实如此。我认为一个好的标题应该能够为读者提供重要的信息，让读者明确研究的对象或主题、要解决的问题等，或者以比较含蓄、新颖的方式吸引读者，激发大家阅读的欲望等。比如，我看上面两篇案例的题目，一个是《一节充满欢声笑语的民族音乐欣赏课》，是以问题为中心，用案例中的事件作为标题；另一个是《让语文作业"增值"》，作者是把案例中的主题提炼出来，让读者明确其撰写主旨及价值。我看这都很好。

吴老师（语文组，中年骨干教师）：读了钟老师的案例后，我觉得在叙述事件之前交代一下事件发生的主题和背景是非常重要的。它可以让读者在阅读案例之前对事件有一个大致了解，做好阅读的心理准备。同时，案例选择的事件都有一个比较明确的主题，事件的发生发展都是紧紧围绕这个主题展开的。任何事件的发生及问题解决过程都是与一定的背景相关的，不同背景下解决问题的方式方法可能会有很大差异。因此，它对于读者对事件的完整准确的把握，对案例中问题解决的方法是否得当的评析都起着非常关键的作用。所以，我理解的是，写主题和背景这部分时，虽然不用作过长过详的介绍，但对必要的、对选择问题解决的措施起到关键性作用的间接背景或直接背景必须作准确、简要的介绍。同时，应注意对与事件有一定相关的间接背景给予略述，对与事件密切相关的直接背景进行详写。

青年教师小陈：我感觉在"情景描述"中，钟老师非常真实、生动地叙述了事件发生的经过、结果，给人非常直观的印象，让人感觉得到课堂中跳动的脉搏，时强时弱，时急时徐，像一段美妙的乐曲。我想这也得益于钟老师有选择、有重点的描述，不然就像一锅粥，看不出问题的解决过程，更看不出老师的行为背后的价值和意义。

张老师：准确、生动的描述可以让读者站在客观的角度去观察、思考、分析，同时也可以让案例中的老师跳出来，从旁观者、研究者的角度去重新审视自己的行为，并进行更深层次的反思，这就是所谓的"问题讨论"。我想这部分在教育案例中最为关键，它直接决定了这个案例的质量与价值大小。教师对自己解决这个问题的心路历程、方法措施进行系统反思，可以反思自己在问题解决中的体会和得到的启示，可以反思这种解决方式的利弊得失，还可以反思在解决过程中出现了哪些新问题，自己在今后的教育教学中又如何解决这些新问题等。

方老师：教育案例真算得上是一线教师从事研究的法宝，有了这样的武器，在教育教学中，我们的眼光就会变得更加敏锐，思考就会更加深入系统，操作就会更加有计划有针对性，而教育教学效果自然就会明显变好。相信在这样的研究中我们一定会不断提升自己的教育智慧，提高自己的教育教学水平。

唐老师（青年女老师）：看了老师们的教育案例，听了大家的精彩发言，我对这种成果表达形式也有了更深一步的了解。那么，我们怎样才能写好一篇案例呢？

方老师：唐老师提的这个问题非常好，这也是我们今天研讨要解决的主要问题。在座的所有语文老师和部分其他学科老师都担任了班主任工作，可能也遇到过很多很多令人头疼的问题，我们再来看一篇关于班级管理工作中的案例，然后大家谈谈自己对好案例的理解。

●教育案例三：大田坎小学叶文春老师的小专题"班级突发事件处理策略研究"

一封"情书"

自从我担任班主任工作之后，烦心的事就觉得特别多。每天不但要完成繁重的语文教学工作，还得处理大量的班级管理事务，尤其是突发事件更让人难以预料、防不胜防，只要处理不当，就会造成较严重的后果，轻则影响正常的教学秩序，出现短暂混乱，重则出现学生伤害事故，引起家校矛盾等等。痛则思变，我在本学期的小专题申报中，选择了"班级突发事件处理策略研究"这个研究专题。在进行相关的理论学习后，再结合自己平时的实践经验，我开始摸索如何用科学的方法来处理班级突发事件。

那是一个星期五的上午，我收到两张纸条，上面都只有一句话："萌萌，我爱你！"署名分别是"唐老鸭"和"高飞"。

"这些小东西！"我淡淡一笑。这样的纸条从一年级开始就有了，收纸条的一般是学习成绩特别好，老师表扬得多，在班上人缘好或者长相乖巧的女孩。

"爱美之心人皆有之，只是表达方式成人化了！"我这样想着，顺手将纸条揉成一团，若无其事地走进教室。一看见我，中中立即站起来，一边朝我招手一边压低声音叫道："叶老师，我给你说嘛，唐唐和飞飞给萌萌写情书！"班上立刻骚动起来，很多人附和说："就是，就是！"还有人说："他们好不要脸哦，给女孩子写情书！""嘿嘿嘿嘿……"唧唧喳喳，说话的多半是男孩子，女孩都抿着嘴在座位上哑笑。而写纸条的两个同学早已羞得满脸通红，把头埋得越来越低……我一看这架势，恐怕不是我三言两语能够压得下去的了，于是装着无所谓地说："哦，这事儿呀，我早知道了，先上课吧，这个问题咱们下午的班队活动来讨论。"说实话，要我跟一群八九岁的小孩子如此面对面地谈论"情和爱"，我还真有点不太自然呢。但事已至此，我无法回避。

下午第二节班会课，我在黑板上写下"一封情书"四个字。全班又哗然了。所有的女生一下子过来将我围住："叶老师，是真的吗？真的要讨论这个问题吗？"得到我的肯定回答后，他们都说："不要嘛，好羞啊！"并且互相看了看，脸上露出诡秘的笑。男生们则高兴得乱叫："好啊，好啊！"只有那两个写纸条的孩子一直没有抬头。纸条上提到的那个女孩萌萌脸上的表情却很复杂，看得出来，她不知道该如何来面对这样的场合。

我微笑着站在讲台上，等教室里完全安静下来之后，才假装不经意地说："我今天确实收到两张小纸条，知道你们对这件事情特别感兴趣，正好今天的班队活动没有特别的安排，咱们就来聊聊吧。"我顿了顿，问道："孩子们，你们知道什么是情书吗？"

鬼机灵中中第一个站起来："我知道，情书就是写给异性的，表达爱意的信，就像唐老鸭和高飞写给萌萌的那种。"他一边说话还一边笑着用手指了指那两个孩子。全班同学都不约而同地将眼光移向他们。那两个孩子可能巴不得快找个地缝钻进去。

"你知道的还不少嘛，"我说，"情书是成年男女用来表达内心的真挚情意，让对方看了能满心欢喜和感动不已书信。情书一般是秘密进行的，极少公开。他们两个人都给萌萌写了一句表示好感的话，这不假，但他们并没有偷偷摸摸地秘密进行呀，他们写好了，还拿给很多同学传看。你们说，这叫情书吗？"

"这——"孩子们有些拿不定主意了。

"你们觉得萌萌可爱吗？"我又紧紧追上一句。

"可——爱！"这回全班同学几乎是异口同声。

"为什么？"

我话音未落，急性子成成噌地站起来，大声地说："因为萌萌爱读书，学习成绩好，英语一级棒，作文写得特别好！所有的老师都很喜欢她。"

"安安也喜欢萌萌！"有人插嘴。安安没有反对，冲我点点头。

这时，一向文静的霖霖接过话茬说道："因为萌萌的性格很开朗，整天都乐呵呵的，很开心！我们都喜欢跟她玩。"

"对对对，她还爱帮助人，谁有困难，她都会帮的。"

"还因为她长得漂亮。"说这话的是唐唐，不知什么时候他已经不再埋头了。当我们都把眼光再次转向他的时候，他只是不好意思地笑了笑。

"看来，萌萌的确很优秀，我们班的男女同学都很喜欢她，老师们也喜欢她。"我饱含激情地说，"这说明我们班的孩子都是健康的，上进的，能够分清好与坏，美与丑的。我为你们感到骄傲！我希望大家都以萌萌为榜样，爱学习，守纪律，讲卫生，对人有礼貌，而且还积极帮助同学，积极为班级做事，努力做一个人人喜欢的好孩子！好吗？"

"好！"那两个写纸条的男孩子声音最响亮。开始一直忐忑不安的萌萌更是一脸灿烂的笑容。

"可是，我们班就只有萌萌一个好女孩吗？"

"不是——"教室里顿时热闹起来。有的说："我喜欢霖霖，她读的书多，知道得特别多，而且玩起来花样最多。"有的说："我喜欢勋勋，因为她人长得漂亮，心眼儿特别好。"还有的说："我喜欢敏敏，敏敏从不乱说话，笑起来特别好看。"……

"对啊，我们每个同学身上都有不同的优点，所以，我们最好不要只喜欢一个人，而应该尽量多喜欢几个人，多交一些好朋友，你们说好不好？"

"好。"孩子们使劲地点点头。

"喜欢是没有错，可是写情书总还是不对嘛！"坐在第一排的小个子楠楠还是不太释然。

我拍拍他的肩膀："说得好！"继而转向大家："喜欢一个人并没有错，但我们应该考虑别人的感受，不能打扰别人，更不能影响同学间和睦相处。写所谓的'情书'啊，把'爱'挂在嘴上大声嚷嚷啊，都是不好的行为。再说，我们的这种喜欢和成年男女的'爱情'是不一样的。苹果树春天开花，夏天结果，秋天果子才成熟。我们现在还小，主要任务是好好学习，让自己变得更聪明、更能干；加紧锻炼身体，让自己长得更高，更帅气！等你们长大了，去读一读白朗宁夫人和莎士比亚的十四行诗，去读一读《诗经》的《关雎》，你们会见识什么是真正的情书！到那时，你们会像叶老师现在这样笑着说：一张小纸条怎么会是情书呢？"

孩子们不再说什么，我们关于"一封情书"的谈论到此告一个段落。

（画外音：案例能够直接地、形象地反映教育教学的具体过程，因而有很强的可读性和操作性，也非常适合于有丰富实践经验的第一线教师来写作。）

其实，在小学班主任工作中，遇到的像写情书之类的突发事件并不少见。比如有些调皮孩子在互相称呼时比较亲昵，与异性同学交往也比较大胆，但他们的表现实质上是对异性同学的一种朦胧的好感和好奇。此时，老师和家长如果给予简单粗暴的训斥和指责，则有可能造成孩子们一些不健康的心理表现，如自卑、焦虑、孤独、失落感等等。相反，如果我们在处理策略上，多一些冷静，多一些分析，根据孩子的年龄特征和心理需求给予孩子更多合理的、恰当的指导和关爱，为他们营造良好的文化氛围，打破男女生之间过分的神秘感，孩子们就会充分发挥其主体性，在这个复杂多元的社会中提高自己的辨别能力和自控能力，就会真正成为学习的主人，健康快乐地成长。

个案点评

在众多的班级管理问题中，叶老师独具慧眼，抓住了最难预料、最难处理的班级突发事件问题，对它进行了思考和研究。一切偶然的背后都包含有必然的因素，这包括导致偶然事件发生的一些必然因素，也包括处理事件的方式方法所导致的结果的一些必然因素。因此，叶老师在行动中研究，没有把"一封情书"的问题作简单化、夸张化的处理，而是运用教育智慧循循善诱、正面引导，让孩子自己认识到错误，并学会辨析、判断，确立了正确的情感态度价值观。这不仅让人为叶老师的做法而喝彩，同时也会深思：什么样的教育理念必然会产生什么样的教育行为。教育案例是一面镜子，不仅照亮别人，也照亮自己，在思想之光中寻找到自己前进的方向。

交流平台

张老师：分析了这些案例，我感受颇深。个人认为，一篇好的案例首先应该有老师的做法，老师在自己的教育教学中面临着一个值得研究的问题，他是怎样想办法解决这个问题的，结果怎样，效果如何。但这还不够，案例中还得有自己的想法，包括发现问题时的想法，解决问题过程中的想法，还有问题解决后的想法，这就是所谓的思考和反思吧。甚至有时候还得包括别人的想法，比如学生、同事、家长对于这件事的处理的看法和想法。而且，在表达方式上，我发觉老师还得有自己的说法，就是必须用个性化的表述，让别人可以读懂、可以理解你的想法、做法，并在交流中从旁观者的角度给你客观的评价和中肯的建议，我想这也会是自己撰写案例最大的收获吧。

李老师：我想，要写好一篇案例确实不容易，它真算得上是老师心血的结晶。在写案例之前，这些老师一定做了大量的准备工作和研究工作。首先，他们必须具备一双善于发现问题的"慧眼"。在日常教育教学中面临的问题纷繁复杂，老师要从众多问题中筛选出最急于解决的有价值的问题，把它确定为自己的小专题。然后，老师还要在日常研究中收集大量的过程性研究资料，这些原始资料有些也许很有价值，有的则可能与小专题研究关系不大，这时候就需要老师对所有资料进行分析提炼，然后针对研究的主题选择一个或几个典型的事例，对它们的内容进行分析，选择最能给人启迪、最有价值的角度切入，形成我们看到的教育案例。

唐老师：张老师和李老师的分析太有道理了。你们对案例的解读让我深深体会到了作者的思想和读者的思想是可以通过文字进行交流和沟通，并碰撞出思维的火花。受你们的启发，我感受到写好案例的关键点之一是可以围绕主题讲述一个或几个相对完整的事例。以生动的具有戏剧性冲突的情节增加事例的可读性，事例描述中要深入人物内心世界，揭示人物的心理，让读者不仅"知其然"，还"知其所以然"。

文老师（数学青年女老师）：我也觉得叶老师在情景描述中，文笔优美，情节生动。在事件解决的过程中，老师的引导、观察，学生的发言、神态、个性都惟妙惟肖，人物的心理活动也感觉触摸得到，真实再现了当时的课堂情景，有利于读者了解当时老师处理班级突发事件的策略和具体操作，了解这样处理的效果到底怎样，从而对这个问题解决的方式作出比较准确的判断和评价。

青年教师小陈：我觉得写好案例的关键点之二在于案例一定要突出主题。我观察到教育案例中的主题往往是通过事例的描述来凸显，主题不能过多或过于分散，即使出现几个事例，也应围绕一个中心议题展开，呈现作者的主要写作意图，给读者留下深刻印象，不然就会显得杂乱无章，不知所云。

孙老师：两位年轻人都不简单呀，我也来谈谈自己的看法。我认为写好案例的关键点之三在于必须选择较复杂的教育教学情境。就是这个故事的发生、发展要有多种可能性。教了多年书，我感受最深的就是在教育教学活动中老师会面临各种各样的问题情境和两难问题，到底应该怎样处理，需要进行判断、选择、决定。如果选择较复杂的情境可以为读者提供更多的选择、思考和想象的余地，因而会给人带来更多的启迪，那么案例的价值就会更大。

方老师（开玩笑地）：我觉得大家越说越开窍了，真是"三个臭皮匠，抵个诸葛亮"呀！我再谈一点，写好案例的关键点之四在于作者必须有自己独到的思考或独特的见解。对于同一案例，可以"仁者见仁，智者见智"，但一篇公认的好的案例，不仅需要真实、有重点地再现问题解决的情境，更重要的是要有较高的反思水平，有自己个性化的思考和见解。刚才我们所交流的都是对别人撰写的案例的感悟，但是"只有亲自编写案例，才能真正掌握案例"。我们老师只有投入实践研究中，加强理论学习，不断积累研究素材，勤写教育日志和案例，才会真正从一个单纯的实践者转变为研究者。下一步就看我们自己的了！大家有信心吗？

众人（铿锵有力地）：有！

（画外音：运用案例进行研究，可以为教师之间分享经验、加强沟通提供一种有效的方式，激发教师对研究的热情，并能进行有效研究。）

温馨提示

1. 教育案例的基本写作格式应包括标题、主题与背景、情景描述、问题讨论等部分，还要把握住五个基本结构要素：

（1）背景：交代故事发生的时间、地点、人物、事情的起因等要素，重点说明故事的发生有什么特别的原因或条件。

（2）主题：面对需解决的问题，根据自己想达到的目的，写作时应从最有收获、最有启发的角度切入，选择并确立主题。

（3）细节：根据主题对原始材料进行筛选，有针对性地向读者交代特定的内容，并突出案例在问题解决过程中最关键的环节。

（4）结果：不仅说明案例中问题解决的思路、过程，还要交代问题解决后的效果，包括学生的反应和教师的感受等。

（5）评析：对于案例所反映的主题、指导思想、问题解决的过程及结果等，应客观地对其利弊得失进行分析和评价。评析是在记叙基础上的议论，可以进一步揭示事件的意义和价值，以引起共鸣，给人启发。

2. 要把握住案例的本质特征。

教育案例与教学设计、教学实录、论文相比都有很大的不同，案例是记录过去发生的事件，以记叙为主，兼有议论和说明。也就是说，案例是通过描述一个或几个故事，在记叙的基础之上说明一个教育主题或道理。因此，案例对教育理念、教育思想的表达不是采用演绎的方法，而是采用从具体到抽象的归纳思维方法。

三、教学课例

小勤老师是刚从学校出来不到三年的初任教师，这学期学校给她安排了高一年级两个班的英语教学，怀着一腔热情她欣然接受了学校的安排，并暗暗定下目标，计划从头开始，一定把这届学生圆满送毕业。可意想不到的难题接踵而至，在教了一段时间后，小勤老师发现：学生在课堂上与老师不配合，上课没人发言；无论是课堂作业还是课外作业都完成不好；学生们对英语学习没有兴趣，即使在上教研课有其他老师来听课时，同学们也呆若木鸡。种种表现让小勤老师大伤脑筋，她苦思冥想，希望从中找到解决问题的钥匙。终于在一次年级备课会上，她把自己在教学中遇到的困惑抛了出来，希望得到有经验的教师的点拨，结果小勤老师提出的问题引起了学校教科室主任兼高二年级英语老师杨小薇的关注，恰好杨老师去年已在进行小专题"高一英语新课导入的研究"的研究，于是在这次备课会上，杨老师交流了自己在进行此项小专题研究时的一些感悟。

杨老师：新课改对英语教师的课堂教学行为提出了更新更高的要求，强调"在教学中教师应创设能引导学生主动参与的教育环境，激发学生的学习积极性，培养学生掌握和运用知识的态度和能力"。这一新的课程理念使我们深感作为一名教师不仅需要过硬的业务能力、深厚的专业知识，而且应该更多地关注学生，关注课堂教学发生、发展的过程。只有在关注教学对象的过程中，才谈得上实施有效教学的技巧和艺术，也才会使课堂教学充满人文情感，充满活力，充满智慧。我校高一学生生源不好，特别是英语学科，不少学生由于初中学习"欠"账较多，对英语学习普遍兴趣淡漠，信心不足，自我期望值过低，缺乏内在动力。我们想以高一起始年级学生为研究对象，通过课堂教学研究寻找到帮助学生重新树立学习的自信心，激发学习兴趣，改善学习态度的方法和途径。因此，选取了"高一英语新课导入的研究"这一命题作为我们小专题研究的内容。人说"良好的开端是成功的一半",新课的导入艺术是创设优良教学情境,营造良好课堂氛围的一个不可忽视的重要环节。课堂教学如能一开始便具有"引人入胜"的艺术魅力,那么,就可以说为整堂课的顺利进行做了好的铺垫。

问题信箱

小勤:杨老师,我刚从师范院校毕业,在此之前也从未进行过小专题研究,如果我研究此专题,那么在实际教学和研究中我应如何操作呢?

杨老师:我们知道,课堂是新课改的主阵地,我们老师要关注课堂教学,通过教师的有效教学,激发学生的学习积极性,培养学生掌握和运用知识的态度和能力。我们选择"高一英语新课导入的研究"这个小专题,旨在激发学生对英语学习的积极性,也就是说在教学中,我们就要以新课的导入为研究点,注重课堂教学的每一环节的精心设计和实践,尝试用多种方式和手段调动学生学习的兴趣和热情,通过生动的画面、形象的动作、鲜明的个性、深刻的意境感染学生、影响学生,将听、说、读、写的方式渗透于英语教学之中,把学生带进英语学习的美好天地。同时,我们也要注重分析和寻找教材与实践的契合点、教与学的结合点,通过对英语课堂教学综合因素的分析和考虑,将课程改革的精神、新教材实施的思想和目标与我校学情进行有机整合。

小勤:哦,我明白了,也就是在研究中,我们要立足于课堂教学,那在研究中我们该如何操作呢?

杨老师:我们在进行此小专题研究时,主要采取的是教学课例的研究。

(画外音:教学课例研究是对教学实例进行研究后形成的,主要以叙事方式呈现的一种研究方式,它同时也是一种成果表达方式。教学课例与教学案例是容易混淆的两个概念,课例展现的是某节课或某些课的教学实际场景,其间没有明确的问题指向,并且实际情境的叙述、师生对话的描述等常是列举式的,没有像案例那样经过细致加工。)

交流平台

杨老师:下面我以高一英语第 14 单元《节日》第一课时为例,谈谈如何进行教学课例研究。

一、设计理念

我的教学设计指导思想是这样的：由于本课教学内容属于节日与风俗的话题，节日与风俗是文化与礼仪的一部分，反映出一个国家、地区的文化历史、文化底蕴。按英语新课标的要求："教师应根据学生的年龄特点和认知能力，逐渐扩展文化知识的内容和范围，帮助学生拓展视野，并能激发学生学习英语文化的兴趣，为发展他们的跨文化交际能力打下良好的基础。""以学生的发展为本"是当今教育的宗旨，就英语学科的特点来说，不仅要帮助学生掌握相关的英语文化知识，还要拓宽学生跨文化的交际视野，树立"尊重、平等、交流、互促"的情感价值观。因此，该课的学习对学生的可持续发展是十分重要的。

考虑到节日与风俗的话题学习，学生在初中就有所接触，加之学生平常生活中对欧美的重大节日并不陌生，有的学生甚至于还十分了解圣诞节、情人节等节日。所以我采取的主要引入方式就是情趣渲染氛围、新旧知识衔接、兴趣深化学习。

（画外音：杨老师在教学设计中，融入了新课程理念，在解读教材的同时又分析了学情，而且也紧扣了小专题的研究点。）

二、教学情境

1. 上课铃声响了，教师导言

师：同学们，今天我给大家带来了一部 VCD 片，片中的内容是大家并不陌生的，请注意观看，看完后，我有问题要等着同学们来议一议。

（全班观看节目 3 分钟）

师：好，同学们看到了一些关于万圣节的内容介绍。现在请同学们思考和回答三个问题：

第一个问题：万圣节在何时？

生：万圣节是 11 月 1 日。/不对，是 10 月 31 日。

师：正确，是 10 月 31 日。第二个问题：人们在万圣节要庆祝什么？

生：庆祝神灵。/庆祝鬼神。

师：还有呢？

生：秋天。

师：秋天意味着什么？

生：收获。

师：说得很好。秋天是丰收的日子，人们劳作了一年，辛勤耕耘换来了收获，所以十分珍惜，感谢上帝，感谢劳动的双手。

那么，人们主要以什么方式庆贺？

生：烧火躯鬼魂。/去教堂礼拜。/聚餐。/家庭聚会。

······

对该环节的教学设计，我的意图是想通过播放万圣节的短片介绍，一是使学生了解到该节日的历史和文化渊源；二是提醒学生注意观看，有问题反馈更能激发学生的好奇心和求知欲，为下一步的学习起到了很好的情感支持的作用。

2. 思维有所延伸，教师转题

师：同学们，节日是一个国家文化、历史与风俗习惯的一部分，礼仪礼节也属于一个国家文化、历史与风俗习惯的一部分，你们还记得国外的哪些礼仪礼节呢？请说一说。

生：餐桌礼仪。/见面的礼节。/就餐的礼节。

师：非常不错。应该还有看望朋友和参加派对的礼节，时间观念不同的风俗，等等。所以，同学们要尊重别国的节日风俗和礼仪礼节，但不盲目地学习、效仿，就像其他国家要尊重我们的节日风俗和礼仪礼节一样。接下来，大家打开书"14 单元"第一课，看一看我们今天要学到哪些节日风俗和礼仪礼节······

3. 新授（略）

三、教学反思

一堂课上得是否成功，教学设计是第一步，但决不是决定因素，关键要靠实践验证。不管实践效果如何，对我来说都是可贵的，它教会我在成功中思考下一个成功的要素，在失败中反思和纠正问题，改进思路和方法。对《节日》第一课的导入分析和反思，我认为较为成功的方面是我将"中小学现代课堂教学"的理念和思想较好地融入了本课的教学设计之中，主要特点：（1）面对学生文化基础差的实际，我首先考虑到教学要尽量贴近学生的最近发展区。新课的引入部分，我进行了新旧知识衔接和迁移，以帮助学生实现新知识的意义建构。从课堂教学实效来看，学生上课注意力集中，兴趣浓厚，积极参与话题讨论，不少学生还能举手发表看法；观看 VCD 片时专注，在对该片内容进行信息反馈时，学生的回答比较准确，反映出对所观看内容与问题的兴趣和关注度很高，课堂整体氛围较好，达到了教学预设的引入环节的目的。（2）依据教材蓝本，同时也跳出了教材的框框，新课引入部分对教材中的开头作了调整，适当增加了对中外的文化风俗的讨论，有利于学生思维的发散，有利于培养学生正确、健康的情感态度和价值观。

不足的地方：就该堂课新课引入的环节来看，预设的问题讨论多了一些，且节奏也比较缓慢，引入环节的时间超过了 5 分钟，以至把后面教学内容的时间挤紧了，造成了教学重难点的突出和突破的讲解、训练时间不够，导致该堂课的教学安排出现问题，这无疑是该堂课教学的一个缺陷。课堂的时间分配不恰当是我经常出现的问题，从这一"小"事中，可以窥见我平常课堂教学的节奏把握不好。因此，加强对课堂教学的系统性和科学性的认真研究，提高课堂教学的效率是我目前急需改进的地方。同时，还应加强对话题或问题提出的有效性和紧凑性的设计。课堂无小事，处处皆学问，我将努力地对新课引入的环节进行不懈地探索，以求得整堂课教学的高效和科学。

（画外音：杨老师此处的反思提醒我们，教学课例不能等同于教学实录或课堂实录，它必须要有相应的反思行为。）

个案点评

从这个教学课例中我们可以看出，杨老师在教学设计时，并没有罗列教学目标，而是结合新课改理念，结合自己的小专题研究，确定了这堂课的教学行为，树立了正确的教学目标，即"以学生发展为本"，也为自己的课堂教学行为提供了方向。在教学实录中，杨老师对新课引入环节进行了详细描述，再现了课堂实际场景，使读者有身临其境的感觉。在教学反思中，杨老师对教学引入环节这个专题作了具体分析，反思了自己的教学行为，既反思了她这节课的优点，又发现了在教学设计中存在的不足，由此为今后改进教学提供了借鉴。

同时，杨老师这个课例还给我们再现了教学课例研究的价值之一，即：它是教师个人反思的载体。这种反思是以具体问题为切入点的，升华了反思的价值，也使反思更具有"研究"的含量。

小勤：杨老师，从您这个课例中我们能不能提炼出教学课例的表达方式呢？

杨老师：当然可以，从教学设计到教学反思，是教师研究运行的基本过程，涉及教师研究的基本环节，我们经过一年的研究，已经初步形成了教学课例的表达方式，我这节课只是教学课例诸多表达方式中的一种，即：教学设计＋教学情境细致描述＋专题教学反思。实际上，在实际操作中，它还有许多不同的变式。

刚才我只是以我的小专题研究为例，列举了教学课例研究的一种表达方式，我知道的还有两所学校在进行小专题研究时，主要是运用教学课例来进行研究的，从他们那儿你可以了解到教学课例的其他两种表达方式，他们是成都市沙河堡小学的陈勇老师和顺江路小学的刘巧秋老师。

小勤老师走访了正在进行"培养小学高段学生语文学科收集处理资料的能力的研究"的陈勇老师和正在进行"通过有效评价提高低段孩子朗读水平的研究"的刘巧秋老师。

小勤：陈老师你好，听说你正在进行"培养小学高段学生语文学科收集处理资料的能力的研究"的小专题研究，我想请你谈谈你在进行此项研究时，是如何将课堂教学与小专题研究结合在一起的，在教学中，你又是怎样运用教学课例进行研究的。

陈老师：我们进行的"培养小学高段学生语文学科收集处理资料的能力的研究"的小专题研究，主要是运用教学课例来进行的，而在课例的选用上，我们又是注重选取具有典型性的课文来进行研究的。下面我就以《渴望读书的"大眼睛"》这一课为例作一介绍，希望你能从中受到启发。

一、设计理念

新课程要求教师在教学活动中要以学生为主体，充分发挥学生学习的主动性。四年级的教学重点之一就是要指导学生收集和处理课外资料，帮助学生更好地理解课文，最终让他们掌握这种科学的语文学习方法，提高语文学习的能力和水平。我们学校高年级组语文老师们也正在开展"培养高年级学生语文学科收集处理资料的能力的研究"。让学生掌握如何收集并筛选有用的资料以帮助他们更好地进行语文学习，这种能力是非常重要的。

《渴望读书的"大眼睛"》这一课紧紧围绕着一张曾经引起了全社会关注的、在"希望工程"中拍到的一张照片，作者写了拍摄时的情景，照片上大眼睛的特点和照片发表后引起的巨大反响。照片展示了贫困地区儿童在学习条件极度恶劣的情况下，仍然渴望读书、渴望求知的强烈愿望。这一课极富教育意义，但是，要达到教育学生的效果，仅仅靠文中短短的几段文字是不够的，因为生活在城市中的孩子体会不到那种令人震撼的艰苦条件。那么，只有靠学生在课前大量查阅资料，了解"希望工程"，从丰富的资料中去补充体会贫困山区儿童求学的艰辛，这样才能突出教学重点，突破教学难点。上课前，老师需要重点指导学生通过多种途径查找相关资料，并指导学生筛选处理这些资料，巧妙地运用到课文难点的学习中。

（画外音：陈老师在进行教学设计时，在解读语文课标的基础上，对所选课例进行了分析，恰当地制定了本节课的教学重点，同时结合小专题研究来进行教学。）

二、教学片段

师：这双大眼睛在向我们说些什么？接着往下读。

师引读："这双大眼睛，好像在看着你，看着我，向我们讲述着成千上万濒临失学的儿童的故事。这双大眼睛，好像在看着大人，看着孩子，看着所有人，从心灵深处唤起人们的同情和关心。"

师：这双大眼睛不但在讲述着小姑娘自己的故事，还在向我们讲述着其他濒临失学的儿童故事。同学们能把自己在课前收集到的故事给我们讲一讲吗？（投影学生收集的图片，学生介绍。）

师：听了这些令人心酸的故事后，我们仿佛已经走进了他们之中，和他们有着同样的感受。让我们带着这样的感受来读一读第2～5自然段。（播放背景音乐）

师：同学们从课外查找的这些资料真好，帮助我们更好地理解了课文，我为你们掌握了这样的学习方法而高兴！

三、课后反思

本课时要达到的目的是，通过感受贫困山区儿童在极其恶劣的学习条件下，仍然坚持学习，从而激发学生对他们的同情与关心，并激励学生珍惜现在的学习机会与幸福生活，努力学习。为了达到以上目标，我紧紧抓住"照片"这一主线，直接引导学生进入重点段落第2～5自然段的学习，用学生查找的资料创设情境，边朗读边体会。利用结合上下文的学习方法复习第一自然段，上下融会贯通。接着，了解照片发表后产生的巨大作用。最后，通过深挖"还在"一词，号召孩子们投入实践，去帮助那些至今仍然需要帮助的贫困儿童。

本节课的教学，我重点在两个地方巧妙地使用了学生收集的课外资料，很好地创设了情境，感动了所有学生，情感铺垫效果相当好。

1. 教学"小姑娘的学习环境是怎样的"时，通过观看学生收集的一些贫困儿童艰苦学习环境的图片，在感人的音乐背景下，学生看着这些图片都感动了，深刻体会到了小姑娘学习条件的艰苦。

2. 教学"这双大眼睛不但在讲述着小姑娘自己的故事，还在向我们讲述着其他濒临失学的儿童的故事"时，我大胆让学生上台来投影他们收集到的关于几个同龄贫困儿童的照片，讲述他们感人的求学故事，透过这些故事学生仿佛看到了其他千千万万的失学儿童的困难情景，这样就帮助学生充分理解了课文，达到了教学目的。同时，这也充分地体现了学生学习的主体地位，让他们尝到了查阅资料的甜头。

学生仅仅靠课本上的几行有限的文字来理解和体会小姑娘面临的困境以及其他有着同样命运的孩子，这显然是不够的。于是，我注意发挥学生学习的主体作用，巧妙地使用了这些有助于学生理解课文的图片和文字资料，这样就弥补了文本的不足。由于有了这些成功的教学情境的创设，从课堂教学实际情况来看，这样的教学是很有效果的。同时，在这一过程中，也很好地指导和训练了学生整理和筛选课外资料的能力，培养了学生良好的学习习惯。

但是，教学中也有不足之处。由于时间有限，很多学生没有能实现汇报自己收集的材料的机会，而我又因为没有注意到怎样保持学生查阅资料的热情，所以让一些孩子感到很失望。我应该告诉没有机会汇报的学生，课后我们还可以继续交流，这样就可以很好地保持学生收集资料的积极性。另外，当学生看了这些补充的图片和文字资料后，应该让他们尽量大胆地谈谈自己的感受，这才是呈现资料的最终目的。

个案点评

陈勇老师这个课例最突出的特点，就是选取了与所进行的小专题研究相契合的教学实录中的一个代表性的片段进行展示，这种形式缩短了课例的篇幅，内容集中；而且在教学反思这一环节，对其中的主要问题进行分析，反思的针对性较强，也将注意力集中在了我们要关注的问题上了。这说明教师在运用教学课例进行小专题研究时，一定要注意选取具有典型性的课文，在研究中要找准问题并记录下解决这些问题的过程和方法。

小勤：陈老师，你刚才列举的这个课例也算是教学课例的一种形式吧，能不能把它归纳为教学课例的一种表达方式呢？

陈老师：当然能啊，概括地说，这就是：教学设计＋教学片段＋教学反思。

小勤：刘老师，我还想听听你在运用教学课例进行小专题研究时有哪些体会和感悟。

刘老师：上学期我们就开始了"通过有效评价培养低段孩子朗读水平"的小专题研究，围绕这一研究活动，我选择了《我们知道》（人教版）一课进行展示。当时我们教研组的全体教师和区进修学校的语文教研员冯老师一起观摩了我的课，课后，教研组进行了讨论。下面我就以《我们知道》一课为例，谈谈我在实际教学中是如何运用教学课例进行小专题研究的。

我自己对这节课进行了总体的反思，认为：这节课学生学得比较被动，课堂气氛也不活跃。

那有什么办法能使学生学得积极主动起来？

教研组教师的看法是：教学的思路还是清晰的，教师在整个教学过程中也力图通过朗读，让孩子在读中感、读中悟，但为什么整堂课好像学生都是在被动地学习，显然在于教师的评价语贫乏空泛，评价层次较低。

老师们普遍感到我的课没能体现出要进行的小专题的研究点。

教研员冯老师指出：在听课中，发现教师们的课堂评价语过于格式化，用得最多的就是："好""对""不对""不错"等几个简单的词汇，就像在套用统一的格式范本复制评语。至于为什么对，为什么不对，"好"到底"好"在哪儿，"不错"又"不错"在哪里，只有靠学生自己去揣摩。

在调查中，我们还发现这样一个问题：课堂中学生参与评价的情形十分罕见，基本上是教师独揽评价大权，课堂成了教师的一言堂，学生的主体性得不到充分体现。就算偶尔有学生的参与，也以指错、挑刺为主。因此，在教学中，我们应适时、适度地进行评价。另外，低年级学生对表扬的需求要比高年级学生多，因此对低年级学生的激励还要适当地增加。我们在课堂教学中对学生回答或表现进行评价时，还应关注学生的特点，用恰当的语言进行引导。另外，还应激发学生的评价意识，培养学生的评价能力。打破过去那种教师在课堂评价中的垄断地位，为每个学生提供积极参与课堂评价的机会，采用激励性语言鼓励学生大胆说出自己的想法，对积极参与评价的学生进行大张旗鼓地表扬，对在评价中有所进步的学生及时地给予肯定，对评价能力较弱的学生则给以更多的鼓励，帮助他们树立起评价的信心。

这时教研组又通过仔细观察和分析录像，发现：在教学过程中，我的评价语的确显得空泛，而且没有适时抓住机会对学生进行激励性评价。或许这是造成本堂课低效的主要原因。

最后教研组的老师们一致认为这节课很有必要作改进。在集体反思与讨论的基础上，全组老师达成了共识，我在听取老师们的意见和建议后，呈现了以下的课例研究实景：

一、设计理念

《我们知道》是叶圣陶老先生笔下一首优美的小诗。让学生在朗读中随文识字，读通课文，感受诗的意境美，进而激发他们热爱大自然的感情，是学习这篇课文的一个重要目的。我将教学设计为四大环节：引入谈话，范读创设情境；初读，读通课文；再读，感悟诗意；拓展训练。范读创设情境时，通过学生评价老师，让他们体会怎样读好一首小诗。

初读课文时，让学生明确评价标准，通过自评和互评，有效指导学生随文识字，读通课文。再读课文时，通过各种形式的评价和情境创设，尤其是教师优美生动的课堂评价语，帮助学生深入理解诗意，体会诗的意境。

二、教学实录

引入谈话。

师：小朋友们，你们在生活中见到过风吗？

生齐答：见过。

师：风看不见，摸不着，你怎么知道风来了？

生1：我看见沙子飞起来的时候，我知道风来了。

生2：树叶动的时候，我知道风来了。

生3：我感觉冷的时候，我知道风来了。

师：是啊，细心的孩子们，你们发现了生活中风无处不在。

范读课文，创设情境。

师：著名作家叶圣陶爷爷也用他的笔写下了他眼中的风，让我们一起欣赏小诗《我们知道》（配乐）。请认真听老师读，等会儿请你评一评老师读得怎样。

生1：老师，你"颤动"的"颤"读得真准，读出了翘舌音。

师评：你是从读准字音方面来评价的。

生2：老师，你读得很通顺，很好听。

师评：你是从朗读的流利和有感情方面来评价的。

生3：老师，我觉得你在读"谁也没有看见过风"这句时，在"谁"的后面停了一下。

师评：你真细心，发现了老师读诗时停顿的地方。

学生初读课文。

师：你们也想像老师这样读读这首优美的小诗吗？自由读一读，注意读准字音，特别是生字的读音，读通句子。

师：和同桌的同学互相读读，读得好的你夸夸他，读得不好的你帮帮他。

评：刚才老师看到……你们合作的特别好，不仅认真地读和听，还指出了别人的优点、缺点。

师：谁愿意来读一读，其他小朋友注意听，等会儿请你评一评他是不是读准了生字的字音，把句子读通顺流利了。

1. 教学生字：颤 微 泛 纹 戏

（学生评价后老师相机指导读词、读句。）

（老师评价后学生齐读该小节。）

师："微"不好记，你能教我们记住它吗？

师：小朋友们真能干，自己就能够学会生字，让我们把生字放到课文中，相信大家能把课文读得更加正确、流利。

学生再读课文，感悟诗意。

......

2. 教学第二小节。

生1朗读。

生评：读得有感情，你把"微微点头"读得很轻。

师评：你们真能干，学会了抓住关键词评价的方法。相信你也能读出林木微微点头的感觉。请你读读。

师：林木在这轻风的吹拂下微微地点头，也许它在向风儿微笑，也许它在和着节拍舞蹈，也许它在告诉小朋友们它是多么舒服、快乐……喜欢这一小节的孩子起立，带着你的感受读读这一小节。

生齐读。

师评：听了你们的朗读，老师也想为你们点头，那是因为你们的朗读就像这风一样让我感到舒服。

3. 教学第三小节。

......

4. 学生有感情朗诵他们自己写的小诗。

老师：哪位小诗人想把自己写的诗朗诵给我们听听？

学生纷纷举手朗诵……

师评：你真会观察，你发现了红旗飘动是风来了。

师评：你的想象真丰富，想到了云飘动时是风来了。

师评：你用词真准确，翩翩起舞这个词用得真好。

......

5. 将学生写的小诗收集起来，编辑成为一本诗集。

师：现在老师准备将我们班小诗人写的诗收集起来，装订成册，这样，我们就有了班里的第一本小诗集。大家说好不好？

学生齐答：好！！！

三、教学反思

新课程的课堂评价方法要求打破教师一统天下、主宰课堂的现状，开展学生自评、生生互评、师生互评的多项评价，从而促进学生的发展。同时，它是融激励性、情感性、指导性、启迪性为一体的充满人文关怀的评

184

价。对每一位教师来说，它既是一种能力，又是一门艺术。如果课堂评价运用得好，它对于创造优良的学习氛围，激发学生的学习兴趣，调动其积极思维，增强克服困难的信心，都将起着不可低估的作用。在这节课中，我将课堂评价融入我的教学中来：

1. 尊重学生的评价权利，给学生提供互动评价的机会。课堂上抓住一切机会让学生评价自己、评价同学、评价老师。如：教师范读完小诗后让学生评评老师读得怎样。

2. 让学生明确评价的标准。要引导学生学会评价，就要让学生了解从何入手进行评价。例如：在初读课文的时候，评价的标准是读准生字的音、读通顺句子；在体会课文内容时，评价的标准就相应调整为是否读得有感情，哪儿读得好或不好，学会抓住重点进行评价。

3. 让学生学习评价方法。其一，进行一分为二的评价。许多孩子的评价习惯于找缺点，不善于发现别人的优点，课堂上引导学生这样评价："好的你夸夸他，不好的你帮帮他。"其二，进行比较性评价。如：两个孩子表演"微微"点头的动作后，评价谁演得好，为什么？其三，进行补充性评价。学生听了别人的评价后，老师这样引导：你还有补充吗？你还想评一评吗？你有什么不同意见？另外还让学生学习评价的语言，如：我觉得你……

4. 充分运用评价的艺术。从教师的评价来讲，要避免格式化、单一重复的评价语言。其一，尽可能做到评价语富有激励性，如："你们真能干，自己就能学会生字。"其二，具有诚挚的情感性，教学中，教师充分尊重学生的感受，给予真情的赞赏与鼓励，从而使学生产生强烈的学习兴趣，在学习中享受到了快乐、幸福，并收获了成功。其三，具有引导性，比如："你读出了风的轻柔，要是能把颤动读得更快一些就更好了。""你们真能干，学会了抓住关键词进行评价的方法。"教师在评价时既充分肯定了学生的优点，又诚恳地指出了学生的不足，同时还热情地鼓励学生改正不足。这样的评价针对性强，既使学生准确了解自己的状况，知道努力目标，又保护了他们的自尊心。其四，注意启迪性，比如："真会观察，除了树叶轻轻地动，还在怎样动？"这样，通过巧妙的教学评价，启发学生的思维，引导他们的智力，吸引他们的注意力，挖掘他们的心理潜力，引导学生不断自觉地去发现问题和解决问题，从而深入领会课文内容。另外，我还注意了让自己的评价语言生动有趣，如："听了你们的朗读，老师也为你们点头，那是因为你们读得就像这风一样让人舒服。"

但反思这节课也还存在着许多不足和困惑，还有许多地方有待改进。其中，有这么三点我认为尤为突出：其一，教学中的评价，无论是学生的自评、互评，还是教师评，都是以语言为主。评价的方式还应更加多元化，比如：用动作来评价，用卡通标志或图案来评价，课内评价和课外的评级评星相结合等方式。其二，学生的评价仅仅停留在参与阶段，如何让学生由参与走向自主、合作、创造性的评价，还有待进一步探索。其三，通过两次执教这一课，让我感受到面对不同的学生或不同的教学内容，我们的课堂教学都可能会呈现出不同的状态，甚至会发生自己意想不到的状况，这就要求教师勤练内功，以自身高超的评价艺术驾驭好课堂。

小勤：听了你们的介绍，我收获了很多，受到了很大的启发，也初步明白了教师在日常的教学工作中应该如何结合自己的实际，将教学和研究有机地结合；如何结合自己的教学，开展小专题研究；怎样在教学实践中将课例研究作为一种工作方式、研究方法和成果表达方式，长期坚持下去，使之成为一种常态。谢谢你们。

个案点评

在刘老师的这个课例中，她对教学的总体思路进行了说明，再现的教学实录是经过集体研讨后再提炼出的教学场景；在反思中，也是对每个环节学生的行为和教师的行为进行了较清楚的梳理和分析，从而发现了一些问题，悟出了一些道理，为她今后开展这个小专题研究指明了方向。从这个课例中他们提炼出了教学课例的又一种表达方式，即：教学设计说明＋提炼后的教学场景＋教学反思

刘老师提供的这个教学课例研究给我们再现了课例研究的又一研究价值，它是集体研讨的平台，经过集体研讨形成的课例可成为他人学习的范例。

以上三个课例，都是将课堂教学作为研究对象，运用不同的研究方式来透析课堂、研究教学的。在这些课例中，有教学反思，有教学场景的描

述，它们都是将不同的研究方式聚焦在某一节课上。在教学中，我们还应有问题意识和解决问题的设想，反思应贯穿在教学过程的始终，只有经常进行反思，才会强化教师的研究意识，提升教师发现问题、解决问题的能力。其实教学课例有着不同的表现形式，以上列举的三种课例就是其中比较有代表性的，并非教学课例就只有这三种表现形态，我们教师在研究中要灵活运用。

温馨提示

听了以上几位老师的介绍和讨论，你至少可以知道：

1. 开展课例研究，一定要选择具有代表性、典型性的课例，通过这堂课的设计与教学，要能带给我们思考，教师能从中提升自己的教学智慧。

2. 在教学设计中，既要有对本堂课整体教学思路的设计，又要体现新课程理念，用新课程理念来指导教师的教学行为。

3. 注意运用不同的记录方式来记录课堂实际情境和各种信息，以便为后来的研究提供原始的依据。

4. 注意对整个教学进行积极的反思，可针对某一具体环节进行深入的反思，分析自己在教学中的实际行为。反思的过程，是坚持"一分为二"哲学思想的过程，既反思教学的成功之处、精彩之处、创新之处，也反思教学设计与教学过程中的不足之处、遗憾之处、需要提高之处。总之，要辩证地反思。

四、教育日志

在如火如荼地开展小专题研究过程中，不少教师感到很困惑，不知道在平常的教育教学中该怎样将工作纳入研究，不知道怎样才能算是研究。特别是一些新上岗的教师，他们有很高的工作热情和研究热情，但苦于研究不知从何入手。盐道街小学的李老师是一位新教师，她带着困惑和迷茫走访了本校正在进行小专题研究的练雪、严萍、王燕、林珍四位老师和沙河堡小学的陈勇老师，企盼着能从他们那儿找到答案。

问题信箱

小李：练老师，你知道，我刚从学校毕业，来到新的岗位和新的环境，我已感受到了学校的教学科研氛围，这里的老师们都投入到小专题的研究中。带着一丝憧憬，我想尽快能找到适合自己的研究，当与本年级的老师确定了小专题的题目后，我却不知该如何进行研究。怎样才能算是真正的研究呢？我想向您请教一下。

练雪：小专题研究的方法与成果表达方式很多，但并不是所有的方法和成果表达方式都适合所有的教师。你作为刚从学校出来的新教师，就应从最基本的研究方法也是最简单的方法入手，那就是写教育日志。

小李：那就请您给我介绍一下这个方法，好吗？

练雪：好的。首先我们要对教育日志有个正确的认识，在以往看来，认为写写日记、作作记录是称不上研究的，但现在我们对怎样才是教师的研究已达成了共识，即教师只要是对自身的教育教学实践作持续不断的反思，这就可以算是在做研究。因此，教育日志就可以算是一种研究方法和成果表达方式了。例如下面这个案例：

今天是开学的第一天，所有的孩子都听得很认真。我自己也感觉这节语文课上得很成功，至少孩子们的发言很积极，读得也很整齐，有感情。

快下课时，孩子们的生字学习也接近尾声。我满意地指导他们读板书在黑板上的词语，并不时地扫视全班。这时我突然发现坐在靠窗第四排的那个男孩一直埋着头没有看黑板，仿佛这时的齐读词语跟他毫无关系。顿时，我有些不悦——又是他！上学期期末考试，就是他拖了全班的后腿。这个孩子在家没人管教，跟着年迈的奶奶生活。爸爸正在服刑，妈妈离婚后不知去向。从一定角度上讲，他是一个既没妈又没爹的孩子。可他偏偏学习不思长进，对于他，我真是又爱又恨。

必须教训他！我心里闪过一个念头。为了不影响其他孩子，我立刻放下手中的书，生气地走到他的桌前，重重地敲了敲他的桌子。他猛然抬起头，眼睛里充满了惊愕。这时，我突然发现他手里正拿着《新华字典》。原来他正在查我们刚学的生字！原来他正在给新学的生字组词呢。我刚才的怒气瞬间烟消云散。一个正以自己笨拙却十分认真的方式学习的孩子，差点儿因为我的主观臆断和偏见受到打击和伤害。我甚至不敢想象，如果今天我不走下讲台就大声点名批评这名孩子，如果自己凭以往的经验就擅自指责这孩子，后果将会怎样？课后，我亲切地摸了摸他的头，说："孩子，今天表现得不错，继续加油哦！"孩子使劲地点点头，眼睛里满是受到鼓励而充满信心的神情。说实话，我庆幸自己今天的"差点儿"犯错，庆幸自己没有'差点儿'扼杀一位孩子渴望学好的真诚愿望。

（画外音：教育日志又叫做教学日志、研究日志或教师日志，它既是教师教育科学研究的一种重要方法，同时又是小专题研究成果的一种重要表达方式。日志常用的记录形式有备忘录、描述性记录和解释性记录。在日志中，呈现的是教师教育教学的真实场景，实际上教师在写日志时，就是在梳理、回顾自己的教育教学行为，因此，如果教师能坚持每天或几天写一次教育日志，不断反思自己的教学行为，那么教师对教育教学问题的认识和洞察力将会不断提升。）

个案点评

在这篇日志中，练老师描述的是开学第一天语文课上发生的一个真实场景，其间有对教学情境的叙述，对时间、地点的介绍，也有对人物的语言、动作的描写，如："我亲切地摸了摸孩子的头，说：'孩子，今天表现得不错，继续加油哦！'孩子使劲地点点头，眼睛里满是受到鼓励而充满信心的神情。"也有人物的心理活动的描写，如："必须教训他！我心里闪过一个念头。"这些具体的描述为我们认识当时发生的事件提供了真实的信息。在练老师日志的最后写道："说实话，我庆幸自己今天的'差点儿'犯错，庆幸自己没有'差点儿'扼杀一位孩子渴望学好的真诚愿望。"从中反映出练老师在课堂行为发生后的态度，因此这篇日志也能为练老师今后的教育教学提供反思的依据。

再如下面这个案例：

下午的写字课，同学们都在一笔一画地写着刚认识的生字，唯有李海鸥坐在凳子上东张西望，看见我过来了，欢快地跑过来抱着我，脸笑成了一朵花。我悄悄说："这是上课，赶快写字。"她嗯嗯答应着，赶紧坐下来写了一个字，当我再次走过去的时候，她的本子上依然是那一个字，她仰起小脸笑眯眯地看着我，我给她一个微笑，"李海鸥这个字写得多漂亮呀，接着往后写！"她咯咯地笑着拿起了笔，我满以为在我的表扬下，她会高兴地把字写完，谁知快下课的时候，她的本子上还没写满两行，可是看着她那张可爱的笑脸，却让我怎么也舍不得批评她。但现在不写完又要等到什么时候来写呢？再说这是他们的第一次课堂作业，我给了他们足够的时间，如果这样也不能完成的话，时间长了他们就会养成一种做事拖拉的坏习惯。于是我告诉孩子们，前十个写得又快又好的同学们，通过老师的检查可以得一面小红旗，写不完的同学们放学就要留下来接着写。李海鸥一听着急了，只见她的小嘴一撇，偷偷瞅了我一眼，看我正在看她，马上双手捂着眼睛，呜呜哭了起来，边哭边又开手指瞄我一眼。其他同学们争先恐后地说："她装哭，她装哭，她不想写作业就开始装哭！"看着她的小样子真让我哭笑不得。我也向其他老师了解过，她就是这样的，一哭一闹，作业就可以少写一些，时间一长，她在学习上就落后了。当她再次看我的时候，我脸上的微笑不见了。

放学了，没写完的同学都留了下来。看着别的同学一个个走出教室，她真的哭了起来。我告诉她："快点写，早点写完早点回家。"教室里只剩下她自己了，当我送完路队回来的时候，她满脸泪水，哭得好伤心，但几分钟的时间她写了两行。一见我回来，她哭得更厉害了，满是泪水的眼睛写满了无助。我给她擦擦眼泪，拍拍她的小肩膀说："别怕，你快点写，老师来陪你！""真的？"我笑着点点头，"嘻嘻嘻——"她马上破涕为笑，大大的眼睛闪着莹莹的泪光。

我把她拉回座位，手把手地教她书写。五分钟过去了，十分钟过去了……当写完最后一个字时，她高兴地把本子抛向了空中，笑啊，跳啊，我被她那份天真，那份可爱，还有那张灿烂的笑脸，那银铃般的笑声深深地感染了！

看着她，看着天真无邪的她，看着又哭又笑的她，你怎能不喜欢呢？她走出了校园，但校园里处处回荡着她银铃般的笑声！我很喜欢我们三年级一班的孩子们，我会用心去呵护他们，让他们健康快乐地成长。

个案点评

在这篇日志里，陈勇老师描述了发生在下午写字课以及课后一个小女孩写字的情景，在最后还写出了自己的感受。在日志中，陈老师记录了大量的对话，也描写了小女孩李海鸥的神态和动作，其间也有很多的细节描写，如："我悄悄说：'这是上课，赶快写字。'她嗯嗯答应着，赶紧坐下来写了一个字，当我再次走过去的时候，她的本子上依然是那一个字，她仰起小脸笑眯眯地看着我，我给她一个微笑，'李海鸥这个字写得多漂亮呀，接着往后写！'她咯咯地笑着拿起了笔。""李海鸥一听着急了，只见她的小嘴一撇，偷偷瞅了我一眼，看我正在看她，马上双手捂着眼睛，呜呜哭了起来，边哭边又开手指瞄我一眼。"这些详尽的描述为我们再现了真实的教学场景。通过上面两个案例，我们不难发现，要写好日志就得留心于日常生活，要细心观察，并且把观察到的事实记录和表达出来，对于一些重要的细节还需要详细描述。

小李：练老师，您能不能比较详细地给我介绍一下教育日志的写作呢？

练雪：好的。以上两份教育日志属于教育日志中的一种记录形式，即描述性记录。它是对教育事件的描述，包括对人物外貌、语言、行动的描写，对事件发生的时间和地点的介绍。作为一个研究者，研究过程中特定的情境、个人的言行显然是描述的重要内容；而在描述的过程中，对人物的语言最好做直接记录，当然就要用引号表示，尽可能对一些重要情节进行细致描述，尽可能做到精确记录。

请看下面这个案例：

今天是全区二年级语文调研考试的日子。中午吃午饭时，监考老师对我说："你中队的小朋，考试时写了几个字就开始把尺子、三角板等拿出来玩，还把桌子上贴的考号撕来扔在地上。气得我大吼了一声'你有病吗'！全考室的队员异口同声地回答'他就是有病'。""他就是有病。"多么刺耳又是多么熟悉的话语，听了之后我有如芒刺在背，脸一下子像发烧似的火辣辣地烫。

我的眼前开始浮现出小朋这个特别好动的孩子的种种表现。上课时他会跑到讲台上把粉笔盒里的粉笔扔到地上，把黑板槽里的粉笔灰撒向后座的队员，或是给身边的队员涂张大白脸，把我课前整理好的教具弄得乱七八糟。更可气的是正当我讲到精彩处时他会"嘎嘎嘎"地大叫起来……为了教育他，我"恩威并施"，不知磨了多少嘴皮。进入二年级以后他已有了明显的改变，虽然上课时仍然不停地"翻箱倒柜"，但很少捣乱了。可是表面上平静的小朋在中队里明显地很孤独。他几乎没有一个要好的队员，课间休息时不是在座位上乱涂乱画，就是在校园里瞎逛，一不留神不是摘下了墙上的"警示语"，就是穿越了不该穿越的"隔离带"。队员对他也不是很友好。记得一年级下期的一天下午，好几个队员跑来告诉我小朋跑到女厕所去了。后来一了解才知道是几个调皮的男孩子推他去的。当时我狠狠地批评了那几个肇事的小男孩，并在中队里宣布谁也不许欺负小朋。一直以来我都认为对淘气包小朋我是关爱有加的，春游时指定中队干部带着他，过马路时让听话的孩子牵着他的手，常常鼓励孩子们要看到小朋的优点，要跟他做朋友。虽然小朋在学校里仍然常常是孤僻的，但从家长那里反馈的信息里，我了解到小朋因为经常欺负邻居的孩子，导致了谁都不跟他玩；上幼儿园时老师拿他没有办法，常常让他一个人待在一边，所以小朋总是独自玩耍，时间久了，就变得有些自闭了。因此对于小朋的独来独往以及孩子们对他的不友好，我没有太多地在意，认为是他自身的缺点造成的。

然而今天这句"他就是有病"，使我像遭了雷击似的意识到，是我在无法承受教育的一次又一次失败之时，不经意间吼出的"有病"这个词语助长了孩子们对小朋的孤立，助长了孩子们对小朋的不友好，使小朋长时间游离于中队集体之外忍受着孤独。辅导员是队员最直接最有效的榜样，辅导员不经意间说出去的话，队员会不假思索地照单接收。当我们在无休止的反复面前逐渐失去了信心，温柔的初衷渐渐演化为烦躁甚至是怒不可遏的时候，切忌抛开耐心，抛开冷静，把心中积聚的愤怒不计后果地释放出来，那样会给被教育者造成更大的伤害。有人说："表扬用喇叭，批评用电话。"其根本出发点就是为了维护孩子的尊严与荣誉，避免因为批评而带来负面的影响。

（画外音："队员是辅导员的一面镜子。"我们要从队员的言行中看清自己，不断地反思、提醒、调整自己。只有这样，才能真正地理解和宽容队员，才能真正实现师生间的平等和尊重，才能在师生的平等交流、互动监督中实现人格的完善和共同的超越。同时这也警示着我们广大教育工作者要严修师德、强炼内功。）

个案点评

这篇日志记录了严萍老师班上在考试的过程中发生的一件事，由此引发了她对发生在"小朋"身上的事情的追忆，对这一连串事情她进行了反思，因此，严老师将事件的记录和事情的分析结合起来，记录了她对所发生事件的感受和思索。这种形式的日志可以给研究者（在记录事件时）带来一些感受，产生创新思维的火花；也可在日后的反复阅读中，发现与修正错误，使许多的故事变得更为清晰，使研究者产生一些新的体悟。

再看下面这个案例：

今天，我在多媒体教室上了片级（教学片区）"四赛"课，课题名叫《法国号》。回顾前一段时间的准备工作，有几点是需要总结和反思的：

1. 唱歌课是真的需要不断锤炼和挖掘的。这次《法国号》"历经"了三次试讲和教案的四次改动，而且是在一周的时间里。我曾经以为唱歌课是"老套筒"，教法无非就是"听—唱—演"，教学手段也就是单一的那几种。然而这一次的《法国号》，我"经历"了这样一个心路历程：第一次：传统的教学模式，累赘的课外延伸；第二次：结合课题，思考教学难点，借助图形谱，寻找突破手段；第三次：过度依赖图形谱，支离了教学结构，本末倒置；第四次：静心思考教学目标，找准突破歌曲难点的手段和方法，认真分析学情，理顺教学步骤。就这样，在我们课题小组同伴的帮助下，经过四次大的教案改动和调整，才有了今天这节比较成熟的唱歌课教学。因此，不仅仅是唱歌课，任何课型都需要不断挖掘教材，找准突破教学难点的手段和方法，不断尝试，不断修改，直至完美。

2. 小专题研究有助于提高课堂教学的实效。在我们音乐组的小课题"小学音乐唱歌教学中突破歌曲难点的策略研究"中，我个人又侧重研究如何通过图形谱突破歌曲难点。结合小课题设计的《法国号》，不仅在 40

分钟内让学生学会了歌曲，更重要的是通过图形谱的观察和学习，一年级的学生学会了音乐语言的跳跃与连贯，以及音的高低，对音乐元素中节奏、速度、音高等有了直观的认识和初步的体验，能够用不同的音色、不一样的音乐速度和欢快活泼、抒情优美的音乐情绪表达歌曲。和以往的唱歌教学相比，课堂有效性大大提高了。通过《法国号》这一课例的"打磨"，我感觉结合小专题研究的教学会更有魅力，结合小专题成长的教师会更加自信。

（画外音：这篇教学日志，林珍老师结合自己的小专题研究进行设计和教学，在上完这次赛课后，回顾了自己三次试讲和四次修改教案的历程，是一篇对所发生事件的回忆式记录。但这篇日志记录得更多的是对教学事件的总结与反思，这种反思与总结对老师日后的教学很有启迪。）

练老师：这两个案例是教育日志的又一种记录形式——解释性记录，它主要是对所发生事件的解释、思索、推测，对自己教学行为的反思，它可以在事件发生的当时有思考时进行记录，也可在事件发生后不久有反思时进行记录。比如下面这个案例：

自从开展小专题"如何在成语故事的诵读中融入传统美德的教育"研究以来，我和孩子们坚持每天学习成语故事，并领悟其中蕴涵的美德教育。昨天，我又和孩子们一起学习了成语故事《孔融让梨》《王祥卧冰》《磨杵成针》《画龙点睛》。通过诵读和理解，孩子们不仅知道了这些成语故事的内容，也体会到了成语故事所蕴涵的深刻道理，还联系自己的实际情况谈了各自的感受和受到的教育。为了加深孩子们的印象，我给他们布置了一个家庭作业：回家给爸爸妈妈讲成语故事，请爸爸妈妈给你评一评，写下来。

今天早上，我按照惯例检查孩子们的作业本时，有了惊喜的发现。

聂屹森先是自己写着："今天，我给爸爸妈妈讲了《孔融让梨》《王祥卧冰》《磨杵成针》这三个成语故事，妈妈还读懂了孔融让梨这篇文章的道理。"后面她的妈妈接着写道："怎样与人相处，要尊老爱幼，互相礼让。"并且还签下了名字。

徐佳欣的家长写道："今天，我的女儿给我讲了一个《王祥卧冰》的成语故事，说的是王祥孝敬父母的故事。它启发我们家长，应该教育孩子从小尊敬父母，孝敬长辈，不能对长辈无礼貌，要养成好的习惯。"

周云鹏的家长写道："孩子给我讲《孔融让梨》《王祥卧冰》《磨杵成针》《画龙点睛》。孩子讲的都是孝心、谦让、恒心之类，我觉得特别好。只是很肤浅，不是他能体会、领会的。要是能够做到百分之十，我们做父母的都会十分高兴。"

还有很多家长的签字都表示很赞成这种做法。看来，通过诵读成语故事对孩子们进行传统美德的教育是可行的。

（画外音：这篇日志，是顺江路小学陈丽老师在批改作业时记录下的备忘录，记录了王老师开展小专题研究的途径：通过诵读和理解成语故事进行传统美德教育，通过记录学生与家长的作业反馈，使王老师进一步感到她所进行的研究是有效的。所以，在日志中，王老师及时记录下了来自学生与家长的信息，也为她以后的研究提供了依据。）

再看下面一个案例：

最近，我和孩子们在语文课堂上学习了关于大海的内容。大海的神秘和美深深地吸引着孩子们。我结合本单元"语文天地"里收集关于"海"的成语这一练习，在请孩子们收集成语的同时，要求他们写下自己对大海的理解和感悟。

批阅了孩子们的成语本，我非常感动。

马思敏这样写道："谁都知道大海是无边无际、容纳百川的，我们也应该像大海一样拥有博大的胸怀。不要遇到一点小事就斤斤计较、自暴自弃。这样，你的生活才会变得无忧无虑、充满快乐。"紧接着，妈妈何清丽也写下了自己的感悟："十年前一次出差，让我见到了真正的大海。当我看到一望无际的大海，看着她潮起潮落，听到海浪拍击礁石的声音时，我突然觉得自己是那样的渺小，心中的烦恼和不快顿时烟消云散，心境豁然开朗。不光孩子要学习大海的博大胸怀，我们成年人也一样要学习，让我们一起努力吧！"

刘思淇写下了自己对大海的理解和感悟："海是蔚蓝蔚蓝的，味道也特别咸。海很宽广，一望无边。海底有许多宝藏，还有许多鱼虾、许多水生物。大海的心胸很宽广，能容下许多事情，就像我们所说的宽容大度。但是，它生起气来也很吓人，比如：海啸可以导致人的死亡。我佩服大海的胸怀，也想学好本领长大后去征服大海。"

代坤容这样写道："我们热爱海洋，赞美海洋，最终我们要利用海洋，改造海洋，征服海洋，使海洋成为我们人类真正的朋友。"

杨波写道："通过我对大海的了解，我懂得了做人要大度，不要自私。"

徐佳欣这样写道："大海非常辽阔，一望无际，看不到边。海水是蔚蓝的，深不见底。没有风浪的时候，大海一片平静，非常安宁；海浪凶猛的时候，一个浪过来可以把船掀翻；海浪温柔的时候，人们可以在海里冲浪、游泳、戏水；有时候站在沙滩上，海浪刚刚冲过脚背，非常的舒服。大海可以容下长江、小溪，我的心却是渺小的，为什么我不能像大海一样心胸宽广呢？"

……

是的，一个人拥有了高尚的道德情操和博大的胸怀，才能够得到人们的敬仰，才能够真正地实现自己追求的幸福快乐的人生。为此，我要继续挖掘出成语故事中的"美德"之本，继续进行"如何在成语故事的诵读中融入传统美德的教育"的研究，采取丰富多彩的形式，吸引更多的家长参与进来，以学校为主体，与家庭、社区形成教育合力，对学生进行传统美德教育；探索传统美德教育的有效途径和方法；开发"传统美德教育"的校本课程。

（画外音：在这篇日志中，顺江路小学的陈丽老师把学生作业中的精彩片段记录了下来，由此还对自己的教学进行了反思，这种方式很适合于我们刚毕业的教师。）

再看下面一个案例：

收获一种思想　感受一份喜悦

新一轮的小专题申报活动又开始了，回顾上学年和同伴一起研究过的小专题，感触很多。

科研，是教师成长的加速器，也是学校发展的助推器。参与这些小专题研究，让我积淀了些许教育的底蕴，也让我能用理性的眼光来看待教育教学过程中遇到的困惑。正是因为这种理性的眼光、理性的思考，指引着我的教学，让我收获了一种教学的思想，也让我感受到了一份由衷的喜悦。

收获一种教学的思想。

"培养低段学生的数学学习兴趣"是我们上学年研究的小课题，自从确定这个小课题之后，它就进入了我们的潜意识，在备课的时候，它会提醒我思考，怎样设计才能更有趣，更吸引学生的主动参与；在上课的时候，它会告诉我，学生已经有些疲惫，该变换一下教学方式了；在反思的时候，它教会我，形成相关的策略，为以后的教学服务。

这种意识不会随着课题的结题而消失，也不会因为时间的长久而淡忘，它会成为我们的一种教学习惯，形成一种教学思想，一直影响我们的教学。所以，毫不含糊地说，我收获了一种教学思想，一种正确发挥学生主体作用，提高课堂教学有效性的教学思想。

感受一份由衷的喜悦。

为了培养低段学生的数学学习兴趣，我们以课堂为阵地，进行了不断地尝试和研究，在这条路上，我感受了喜悦，一份由衷的喜悦。这种喜悦不是来自学校的奖励，也不是来自家长的肯定，更不是来自自身的收获，而是来自我的学生。

我们班上不止一个转学生的家长告诉我，"王老师，我们家孩子以前很不喜欢学习数学，我一直很担心他。但是，他现在可喜欢数学了，他说你平时总是在做游戏、讲故事中进行数学教学，他现在觉得数学好玩极了"。听了这样的话，我感受到由衷的喜悦，这种喜悦来自孩子的变化。

每周五，我因为要外出参加培训，因此没有数学课，总会有很多孩子问我："为什么没有数学课，我们想上数学课！"我用教师亲切的目光注视着他们。我发现孩子们是真诚的，他们的确因为没有数学课而有些失望。也许在数学和音、体、美之间做选择，很多学生还是会选择音、体、美，但是我的内心还是充满喜悦，为他们的失望，也为他们的真诚。

没有"培养低段学生的数学学习兴趣"的研究，就不可能收获这种教学思想，也不能感受这种由衷的喜悦。虽然这个过程也充满艰辛，但每当看着孩子在数学课上专注的眼神，欣喜的笑容，用心的思考，一切辛苦都值了。

有一句话说："只有浸润过汗水的稻谷才能格外饱满，只有倾注过心血的果实才会香气四溢。"在以后小课题研究的路上，我会继续用自己的汗水和心血去收获种种先进的教学思想，去感受一份又一份由衷的喜悦！

（画外音：其实老师们平常写的教学随笔和科研随笔都可算是教育日志。从这个案例中，我们看出老师更多的是对自己教学和科研工作的反思和总结，这种持续不断的反思就是研究。在这篇日志中，我们感到了王燕老师在科研道路上的不懈付出，也感受到了她在科研工作中孜孜不倦的追求精神。）

小李：现在我已知道了，我们在教育教学工作中，应勤于观察，乐于思考，把自己平常所观察到的、所感受到的、所反思的内容写下来。只有这样坚持不懈地写教学日志，坚持积累，才能在研究中有所收获，有所长进。今天的收获太多了，下去以后，我还要仔细琢磨，好好消化。谢谢石老师，谢谢大家！

从以上7个案例我们已清楚，日志不是仅仅罗列教学、生活事件，而是通过聚焦这些事件，让教师更加了解自己的教育思想和教学行为。在日志中，更多的是记录教师在教育教学实践过程中，自己所观察到的、所想到的和所反思的内容，日志所记录的是教师的所见、所闻、所感和所思，写日志本身就是小专题研究过程的一个重要方面。日志的主体部分是对教育事件的记录和白描，如时间、地点、人物等，这些为日后教师的系统研究提供了第一手素材。

温馨提示

通过对以上案例的阅读与思考，你至少可以知道：

1. 要留心观察，并把观察到的事实记录和表达出来，而在记录时要将一些片段和小事件有机地整合起来。

2. 要坚持长期写日志的习惯，并且经常反复地阅读，这样会让研究者在研究时更加明确哪些资料是重要的，以帮助自己进一步理清思路，找到解决问题的方法。

3. 教育日志的撰写既可以在一段时间内选定一个主题来写，也可以聚焦一个研究点来写，形成一个序列。这样，通过比较分析，更能为研究者找到解决问题的方法。

4. 在撰写日志时，要注意将事件的记录与对事件的分析有机结合起来。

总之，教师应养成长期写教育日志的习惯，在撰写日志的过程中，体会日志给我们的教育教学工作带来的益处。

本章作者：

田燕，成都市锦江区教师进修学校发展研究室教研员，小学语文高级教师，区级优秀青年教师。曾多次参与全国教育科学规划办"十五"课题、中国教育学会和成都市"十五""十一五"课题、四川省普教资助金项目课题研究，对区域性课题进行管理指导，先后担任其中多个课题的主研教师，荣获四川省教学成果三等奖、四川省第三届基础教育课程改革优秀成果三等奖、成都市首届基础教育课程改革一、二等奖。

胡萍，小学高级教师，成都市锦江区教师进修学校发展研究室教研员。曾参与国家级、省级、市级课题研究，有 20 多篇论文获奖，其中撰写的《行动研究——奏响校本教研生命的乐章》获四川省教育厅二等奖，《"互动教学"实践与研究》获四川省教育厅三等奖。

后 记

经过成都市锦江区教师进修学校几位教研员的辛勤劳动，这本《教师这样做研究——来自一线的小专题个案剖析》终于与您见面了。

其实，这部既通俗易懂又不失浓郁的学术色彩的专著，其主要的撰写者不仅有教研员，更有来自中小学一线的教师研究者。正是他们在教育教学的实践中，细心地去观察、去记载、去总结、去捕捉，才有了对研究问题的选择和对小专题的课题确立，才有了最适合一线教师的研究方法，也才有了较为丰硕的研究成果。

为了让更多的教师朋友参与到小专题的研究讨论中来，我们对本书的写作方式进行了一定的创新，即以对话的方式引出研究者的小专题，通过多位老师间的对话，将小专题的研究过程、研究成果和反思改进等呈现在读者面前。由此，我们设置了"问题信箱""交流平台""个案点评"和"温馨提示"四个专栏；同时在交流讨论过程中，对一些专业术语、精彩对话以及情景性问题，采用"画外音"的方式进行了解释和评价。这样做的目的主要是为了使该书的文字更加活泼生动一些，更耐读一些。

当然，这样的编写体例也是有缺点的，它使一些案例显得零碎了，缺少了完整性。

另外，从所选取的案例来看，大多集中在小学教师的研究中，中学的案例比较少，这也是本书的一大不足。

老实地承认本书的缺憾与不足，不是要自我贬低其学术价值和它的指导意义，而是以真诚的态度去求得读者朋友的批评与指正，以帮助我们改正错误，提高水平。

本书各章由以下同志撰写：第一章，向艳；第二章，贺慧；第三章，韩冬梅；第四章，田燕、陈利；第五章，周玫；第六章，田燕、胡萍。全书由刘旭、贺慧策划与统稿。

需要特别说明的是，该书在出版过程中，得到了四川省教育科学研究所相关专家和成都市锦江区教育局领导的热心指导和大力支持，得到了四川教育出版社陶明远副社长和谢志良老师的真诚而又细心的帮助，在此表达我们由衷的感谢之意。

虽然我们以专业的操守和极其认真负责的态度去编写，但由于水平有限，书中难免会有一些不成熟的、不全面的、值得商榷的地方，敬请广大教师朋友在阅读过程中提出宝贵意见，以便再版时修订完善。谢谢。

编　者

2008 年 1 月 7 日

后

记

图书在版编目（CIP）数据

教师这样做研究：来自一线的小专题个案剖析/刘旭，
贺慧主编. 一成都：四川教育出版社，2008.3（2024.6 重印）

ISBN 978-7-5408-4820-0

Ⅰ.教⋯　Ⅱ.①刘⋯②贺⋯　Ⅲ.中小学-教学研究
Ⅳ.G632.0

中国版本图书馆CIP 数据核字（2008）第 010675 号

责任编辑　保　玉
封面设计　许　涵
版式设计　王　凌
责任校对　史敏燕
责任印制　许　涵
出版发行　四川教育出版社
地　　址　四川省成都市锦江区三色路 238 号新华之星 A 座
邮政编码　610023
网　　址　www.chuanjiaoshe.com
制　　作　四川胜翔数码印务设计有限公司
印　　刷　成都市锦慧彩印有限公司
版　　次　2008 年 3 月第 1 版
印　　次　2024 年 6 月第 4 次印刷
成品规格　168mm×240mm
印　　张　13
书　　号　ISBN 978-7-5408-4820-0
定　　价　26.00 元

如发现印装质量问题，请与本社掉换。电话：(028) 86365120
编辑部电话：(028) 86365129